ÖSTERREICH
Sölden
Galtür
Kajetansbrücke
Nauders
2474 Pso. d. Rombo/ Timmelsjoch
Wildspitze 3774
Ötztaler Alpen
Piz Buin 3312
Silvrettagruppe
Pso. di Resia Reschenpass 1504
Davos
2383
Susch
Flüelapass
Zernez
Malles V./ Mals i. V.
Marienbg.
S. Leonardo in P./ St. Leonhard i. P.
Schl. Tirol
Merano/ Meran
2149
Pass dal Fuorn/ Ofenpass
Zuoz
Spondigna/ Spondinig
Südtirol
Livigno
Pso. d. Stelvio/ Stilfser Joch
Parco Naz.
Burg Festenstein
St. Moritz
Inn
2291
2758
M. Cevedale 3764
Castelfondo
Bolzano/ Bozen
Silvaplana
Bormio
2328
Pso. d. Bernina
d. Stelvio
Trentino
Pzo. Bernina 4049
Dimaro
Ora/Auer
1883
Alto Adige
Pso. di Tonale
1700
Tirano
Cascata di Nardis
Mezzolombardo
Hadernburg
Tresenda
Edolo
A22
Pinzolo
Lago di Molveno
LAGHI DEL
Pso. dell'Aprica 1176
Passo della Morte
Lago di Levico
Tione di Trento
Trento
Foppolo
LAGO
Valcamonica
Sarche
Serio
Lago di Caldonazzo
Breno
TRENTINO
Via Mala Lombarda
D'ISEO
Riva d. Garda
Penede
Rovereto
Darfo
Lago di Ledro
Lovere
Pisogne
Pte. Caffaro
Mad. d. Gastello
Lago d'Iseo
Mard. d. Ceriola
2218 M. Baldo
S. Pietro
2 Monte Isola
Barghe
Iseo
Sarezzo
Mad. d. Corona
Valdagno
Lago di Garda
Adige
Salo
Garda
Rovato
Brescia
Chiese
Lonato
Verona
A4
Manerbio
Castiglione d. S.
Villafranca di V.
A21
Guà
Óglio
Legnago
Santa Maria d. Grazie
Mantova
Piadena
Cremona
Ostiglia
Po
A1
Fidenza
Fornovo di Taro
A15
nell'Emilia
Modena
Bagánza
Formigine
Canossa

OBERITALIENISCHE SEEN

DER AUTOR

Robin Sommer ist seit Langem freiberuflicher Reisebuchautor. Er lebt in Süddeutschland und ist jedes Jahr mehrmals in Oberitalien unterwegs, wobei die Seen zu seinen bevorzugten Anlaufpunkten gehören, die populären großen ebenso wie die eher unbekannten, aber nicht minder reizvollen kleinen Gewässer. Auch Griechenland und die Kanarischen Inseln stehen regelmäßig auf seiner Agenda.

www.vistapoint.de

Inhalt

Top 10 & Willkommen

Chronik

Stadttour Mailand mit Detailkarte

Vista Points – Sehenswertes

Reiseregionen, Orte und Sehenswürdigkeiten

Service von A bis Z

Sprachführer

Extras – Zusatzinformationen

Zeichenerklärung

Top 10
Das müssen Sie gesehen haben, siehe vorderer innerer Umschlag und hintere Umschlagklappe.

Vista Point
Reiseregionen, Orte und Sehenswürdigkeiten

Symbole
Verwendete Symbole siehe hintere innere Umschlagklappe.

Kartensymbol: Verweist auf das entsprechende Planquadrat der ausfaltbaren Karte bzw. der Detailpläne im Buch.

Willkommen an den Oberitalienischen Seen

Die »Seensucht«, jedes Jahr erwacht sie aufs Neue. Nachdem die Alpenpässe überquert sind, am St. Gotthard liegt noch Schnee, wird es warm. Die ersten Palmen, pralle Weinreben, schlanke Zypressen, silbrig-grüne Olivenbäume – und endlich öffnet sich das Seepanorama in seiner vollen Schönheit. Lago Maggiore, Comer See, Luganer See, Orta- und Iseo-See, gleichgültig wo man ankommt – hier ist man des »Südens Gast, der mir nie wieder so liebenswürdig und großartig begegnete«, wie es Kafka einst zu formulieren wusste.

Die Oberitalienischen Seen sind eine Urlaubslandschaft ersten Ranges. Ihre Naturimpressionen gehören zu den schönsten in Europa, denn hier vereint sich die Großartigkeit der Bergwelt mit der Farbenpracht submediterraner Pflanzenvielfalt: Magnolien, Azaleen, Kamelien, Rosen, Oleander, Geranien – alles blüht in Hülle und Fülle, während Zedern, Zypressen, Kastanien und Palmen eine stimmungsvolle Umrahmung bilden. Der stimulierende Reiz der Seenregion fängt den Besucher immer wieder ein, wobei nicht zuletzt die wunderbaren klimatischen Gegebenheiten eine entscheidende Rolle spielen: Geschützt durch die alpinen Bergmassive wird die kalte Luft

Direkt am Wasser: Tor zum Luganer See im Parco Civico in Lugano

aus Norden abgehalten, die Temperaturen sind ganzjährig mild, die Winter weitgehend frost- und schneefrei, die Sommer heiß, aber nicht drückend.

Bereits in der Antike wurden diese Vorzüge geschätzt, die Römer errichteten prächtige Villen an den Seeufern, nutzten die großen Wasserflächen aber auch als willkommene Transportwege in der oft unzugänglichen Bergwelt. Handel wurde auch im Mittelalter getrieben, als sich die oberitalienischen Adelsgeschlechter erbitterte Kämpfe um die wertvollen Ressourcen lieferten. Im 18. und 19. Jahrhundert begann man den Freizeitwert dieser Landschaftsparadiese erst richtig zu erkennen: Ein regelrechter Boom der Oberschicht setzte ein, die stillen Seeufer wurden zum Fluchtpunkt der Reichen und Schöngeistigen Europas. Die Hinterlassenschaften von Barock, Klassizismus und Belle Époque sind heute überall sichtbar.

Daneben bieten die Oberitalienischen Seen aber auch eine Fülle von Freizeit- und Sportmöglichkeiten: Schwimmen, Windsurfen und Segeln, Wandern und Mountainbiking, Ausflüge in die Berge oder in die nahen Kulturstädte, Wein- und Olivenölverkostung. Die Saison beginnt an Ostern und dauert meist bis Anfang Oktober; im Winter sind nur wenige Hotels geöffnet.

Das Geheimnis der Seen: für jeden etwas, die Fülle des Lebens spüren, die Wärme, die Üppigkeit der Natur. Willkommen im Land der Seen! – **Benvenuto sulla terra dei laghi!**

Daten zur Geschichte

8000 v. Chr. Jäger, Hirten und Bauern siedeln im Seengebiet. Prähistorische Felszeichnungen in der Valcamonica nördlich vom Iseo-See sind Belege für diese bislang frühesten Spuren menschlicher Besiedlung in den Südalpen.

ca. 6000 v. Chr. Die sogenannten *Camunen* besiedeln die südlichen Alpenregionen und hinterlassen ebenfalls Felsgravuren in der Valcamonica.

ca. 2000–1500 v. Chr. Die 1929 entdeckte Pfahlbausiedlung am Ledro-See dokumentiert die Besiedlung der Region nördlich vom Gardasee.

1000 v. Chr. Die Veneter kommen aus Osteuropa und besiedeln die östliche Poebene und den Alpenbogen nördlich davon.

7. Jh. v. Chr. Die Etrusker kommen aus der Toskana und Umbrien durch die damals großenteils sumpfige Poebene und siedeln sich im Gebiet der Seen an.

5. Jh. v. Chr. Die Kelten, die sich seit 750 v. Chr. bereits in großen Teilen Europas von Ostfrankreich über die Schweiz, Österreich und Süddeutschland bis Slowenien ausgebreitet hatten, verdrängen die Etrusker wieder nach Süden bis über den Apennin.

3./2. Jh. v. Chr. Die straff organisierten Römer besetzen Oberitalien als strategisch wichtigen Ausgangspunkt für weitere Landnahmen in Europa und ernennen es zur Provinz *Gallia Cisalpina*, in deren Mitte *Mediolanum* (= Ort der Mitte) liegt, das heutige Mailand.

1. Jh. v. Chr. Die großen Siedlungen der Poebene erhalten das römische Stadtrecht. Sie sind bedeutende Handelszentren und entwickeln sich zu dynamischen Metropolen. Die Ebene wird landwirtschaftlich erschlossen und an den Seen errichtet der Adel prächtige Sommersitze.

286 n. Chr. Mit der Reichsreform unter Kaiser Diokletian wird Mailand Hauptstadt des römischen Westreichs.

395 Teilung des römischen Reichs in Ostrom mit der Hauptstadt Byzanz und Westrom mit der Hauptstadt Rom.

5./6. Jh. Im Zuge der Völkerwanderung fallen Hunnen, Westgoten und Langobarden in die römischen Gebiete ein. Die Ostgoten unter Theoderich übernehmen als Statthalter Ostroms die Herrschaft im Weströmischen Reich.

568–774 Die Machtübernahme durch die Langobarden, von denen die zentrale Region in Oberitalien ihren Namen erhält: Lombardei.

774–800 Vom Papst zu Hilfe gerufen erobert der Frankenkönig Karl der Große das Langobardenreich. Im neuen *Regnum Italiae* übernimmt sein Sohn Pippin die Herrschaft. Als Dank empfängt Karl der Große im Jahr 800 aus der Hand des Papstes die Kaiserkrone.

Die eiserne Krone der Langobardenkönige

875–961 Starke Provinzfürsten reißen im Einverständnis mit den Päpsten die Macht an sich. Die Lage ist instabil und chaotisch, von außen fallen die Sarazenen und Ungarn ein. Berengar von Ivrea kann die äußeren Feinde zurückdrängen und fordert vom Papst den Titel »Rex Italiae«, dieser ruft den deutschen Kaiser zu Hilfe.

Kaiser Friedrich I. Barbarossa, hier mit seinen Söhnen König Heinrich VI. und Herzog Friedrich von Schwaben (Welfenchronik 1179–91)

961–1077 Kaiser Otto der Große erobert die italienischen Gebiete wieder zurück und setzt eine eigene, vom Papsttum unabhängige Regierung ein. Diese stützt sich hauptsächlich auf die Bischöfe, deren Einsetzung er sich vorbehält. Dies wird Auslöser des Investiturstreits zwischen Papst Gregor VII. und dem deutschen König Heinrich IV., der 1077 mit dem berühmten »Gang nach Canossa« sein Königtum rettet, jedoch gleichzeitig die päpstliche Strafgewalt über sich anerkennt.

12. Jh. Als Sieger aus dem Streit zwischen Kaiser und Papst gehen die Städte hervor. Einige lösen sich aus der Reichsherrschaft und erringen ihre Unabhängigkeit. Der lombardische Städtebund *Lega Lombarda* wird gegründet.

1176–83 Die Liga schlägt Kaiser Friedrich I. Barbarossa in der Schlacht von Legnano, 1183 muss er im Frieden von Konstanz die Freiheit der Kommunen anerkennen.

13./14. Jh. Zwischen den Städten entbrennt der Konflikt zwischen papsttreuen Guelfen und kaisertreuen Ghibellinen. Einzelnen starken Familien gelingt es, die Macht an sich zu reißen, es etabliert sich die Herrschaft der sogenannten *Signorie*: die Scaliger im Gebiet von Verona und Gardasee, die Visconti in der Lombardei um Lago Maggiore und Luganer See und am Comer See die Rusca, die aber bald von den Visconti in die Knie gezwungen werden.

15. Jh. Im Westen beginnen die Venezianer ihr Territorium zu erweitern und die expandierenden Visconti zurückzudrängen, die von den Sforza abgelöst werden. Ende des 15. Jahrhunderts erobern die Schweizer Eidgenossen das Tessin mit Luganer See und dem Nordteil des Lago Maggiore.

1535–84 Nach dem Tod des letzten Sforzaherzogs fällt das Herzogtum Mailand mit Lago Maggiore und Comer See an die spanischen Habsburger. Die Familie Borromeo kann sich jedoch am Lago Maggiore als lokale Größe etablieren. Kardinal Carlo Borromeo wappnet die Lombardei gegen die Reformation und lässt Marienwallfahrtszentren und *Monti Sacri* (Heilige Berge) errichten. Im Osten etablieren die Venezianer die starke Republik Venedig.

1706–1802 Im spanischen Erbfolgekrieg fällt das Herzogtum Mailand an die österreichischen Habsburger. Die französischen Savoyer erobern Mitte des Jahrhunderts das Westufer des Lago

Maggiore, 1796 besiegt Napoleon die Habsburger, der letzte venezianische Doge wird zur Abdankung gezwungen. 1797 wird ein Großteil Oberitaliens zur »Zisalpinischen Republik« ausgerufen, 1802 in die italienische Republik umbenannt. Napoleon baut eine Heerstraße über den Simplonpass, um schnell Truppen von Paris nach Italien verlegen zu können. Dies wird eine Grundlage für die touristische Entdeckung der oberitalienischen Seen im 19. Jahrhundert.

Francesco Sforza, hier auf einem Porträt von Bonifazio Bembo (um 1460, Pinacoteca di Brera, Mailand)

1815 Nach der Niederlage Napoleons werden den Habsburgern auf dem Wiener Kongress die Lombardei, Venetien und Südtirol-Trentino zugesprochen.

1821–61 Die Einigungsbewegung, das *Risorgimento*, erkämpft in schweren Schlachten (Magenta, Solferino) die Befreiung von der österreichischen Fremdherrschaft. In den 1840er Jahren kommt es auch auf dem Lago Maggiore zu wiederholten Kämpfen, denn das Westufer ist in italienischer Hand, während der Osten von den Österreichern besetzt ist. 1861 wird das Königreich Italien unter Vittorio Emanuele II. ausgerufen, 1866 tritt Venetien bei, Südtirol-Trentino wird erst nach dem Ersten Weltkrieg Italien zugesprochen.

1898–1905 Eine Zuglinie durch den Simplon-Tunnel verbindet die Schweiz mit Stresa am Westufer des Lago Maggiore und Mailand.

1919–40 Der legendäre Simplon-Orient-Express fährt von Paris am Westufer des Lago Maggiore entlang in Richtung Istanbul und bewirkt einen großen touristischen Aufschwung. In den noch heute populären Grand Hotels der Belle Époque verbringen gekrönte Häupter, reiche Industrielle und angesagte Künstler der Zeit ihre Urlaube.

1922–45 Mussolini errichtet nach dem Marsch auf Rom ein faschistisches Regime in Italien. Im Zug des Vorrückens der Alliierten von Süditalien her wird er 1943 abgesetzt, von den Deutschen jedoch als Marionette für die faschistische Republik von Salò eingesetzt. Auf der Flucht in die Schweiz wird er von Partisanen gefasst und am 28. April 1945 im Dorf Giulino di Mezzegra am Westufer des Comer Sees erschossen.

1946 Die Republik Italien wird ausgerufen.

1991 In der Folge des Niedergangs der realsozialistischen Systeme Osteuropas löst sich die starke Kommunistische Partei Italiens (KPI) auf und stellt sich als neue sozialistisch/sozialdemokratische Partei mit Namen »Partito Democratico della Sinistra« (PDS) auf.

1993 Die politisch rechts stehende Lega Nord erringt große Wahlerfolge in Norditalien und fordert die Abspaltung vom restlichen Italien.

1994 Geschwächt durch Korruptionsaffären löst sich die konservative Democrazia Cristiana Italiana (DCI) auf.

2001 Der Medienunternehmer Berlusconi, Gründer der Rechtspartei »Forza Italia«, wird Regierungschef. Trotz laufender Prozesse gelingt es ihm gegen den Widerstand der Justiz im Parlament Gesetze verabschieden zu lassen, die ihn vor Strafverfolgung schützen.

2006 Die Ära Berlusconi ist vorläufig zu Ende. Bei den Parlamentswahlen im April siegt das Mitte-Links-Bündnis von Romano Prodi mit hauchdünner Mehrheit.

2008/09 Berlusconi übernimmt nach dem Scheitern der Regierung Prodi zum dritten Mal in 14 Jahren das Amt des italienischen Ministerpräsidenten. Im Oktober spricht ihm das italienische Verfassungsgericht die Immunität ab. Er muss nun wieder mit Strafverfolgung rechnen.

2013/14 Papst Benedikt XVI. tritt 2013 überraschend zurück. Nachfolger wird der argentinische Erzbischof Jorge Mario Bergoglio, der sich Franziskus nennt.
Wegen Steuerhinterziehung wird Berlusconi in letzter Instanz zu vier Jahren Haft verurteilt, muss jedoch nur einen Straf-Sozialdienst in einem Mailänder Altenheim ableisten.
Im Februar 2014 wird Matteo Renzi (PD), zuvor Bürgermeister von Florenz, neuer Ministerpräsident Italiens.

2015/16 Matteo Renzi setzt das neue Wahlgesetz um, das Splitterparteien nicht mehr ins Parlament lässt. Beim Verfassungsreferendum Ende 2016 spricht sich die Mehrheit der Wähler gegen weitere Reformen der politischen Entscheidungsprozesse aus – auch aus Protest gegen Renzi, der zwar viele Reformen angestoßen hat, die jedoch der breiten Bevölkerung wirtschaftlich nichts gebracht haben. Renzi tritt zurück. Im Dezember 2016 wird Paolo Gentiloni, neuer Ministerpräsident.

2016–18 Die Staatsschulden betragen über 130 Prozent des Bruttoinlandsprodukts. Da die Einlagen der Kleinsparer auf dem Spiel stehen, muss der Staat milliardenschwere Garantien geben. Der parteilose Giuseppe Conte wird am 1. Juni 2018 mit einem Bündnis der rechten Lega und der populistischen Cinque Stelle Ministerpräsident.

2023 Die Folgen des Klimawandels erreichen Nord- und Mittelitalien in Form zahlreicher Extremwetterereignisse. Hitze, Hochwasser, Unwetter richten auch rund um die Seen Oberitaliens schwere Schäden an. ■

Eine der vielen Figuren am Mailänder Dom

Modemekka und Bankenmetropole

Vormittag
Domplatz mit Dom (eventuell: Grande Museo del Duomo und Museo del Novecento) und Galleria Vittorio Emanuele II – Teatro della Scala – Modeviertel – Pinacoteca di Brera.

Mittag
Mittagspause in der Antica Trattoria dei Magnani »Al Cantinone« oder bei Nerino Dieci (vgl. S. 16).

Nachmittag
Castello Sforzesco mit etlichen Sammlungen – Santa Maria della Grazie mit Da-Vinci-Fresko – Domplatz.

Abend
Essen und Ausgehen im Viertel Ticinese im Stadtsüden.

Die Mode- und Bankenmetropole ist der Motor des Landes. Anziehungspunkt Nummer Eins ist natürlich die einzigartige Szenerie des monumentalen Domplatzes.

Der 160 Meter lange und bis zu 108 Meter hohe 1 **Dom** ➡ aC3 ist der größte gotische Bau Italiens. Mit seinen Tausenden Spitzen, Verzierungen und Skulpturen bietet er einen faszinierenden Anblick. Die Marmorfassade ist mit Skulpturengruppen geschmückt und auch die Reliefs der fünf Bronzetore sind Kunstwerke. Die Kirchenfenster sind die schönsten Italiens und gehören zu den größten der Welt. Ein **Nagel**

Nach dem Petersdom in Rom die zweitgrößte Kirche der Christenheit in Italien: der Mailänder Dom

vom Kreuz Christi ist die wertvollste Reliquie im Dom, von einem Kreuz umschlossen ist er im Deckengewölbe des Chors durch ein rotes Glühlämpchen gekennzeichnet.

Im rechten Querschiff steht die Statue des heiligen Bartholomäus, der seine Haut wie eine Toga um sich geschlungen hat. Unter dem Chor kann man die kreisförmige **Krypta** besichtigen. Von dort erreicht man die unterirdische Kapelle namens **Scurolo di San Carlo** mit den sterblichen Überresten des Erzbischofs Carlo Borromeo, der in Arona am Lago Maggiore geboren wurde. An der Innenfassade gibt es rechts neben dem Hauptportal einen Zugang zu den Ausgrabungen unter der Piazza mit Resten der Vorgängerkirche und des Baptisteriums **San Giovanni alle Fonti** aus dem 4. Jahrhundert. Die originellste »Fußgängerzone« Milanos liegt auf dem **Domdach**, man kann sie per Treppe oder mit dem Fahrstuhl besuchen.

Einen Besuch wert ist auch das 2013 eröffnete **Grande Museo del Duomo** ➧ aC3 am Domplatz rechts neben der Domapsis. Stararchitekt Guido Canali hat hier zahlreiche Stücke aus der 600-jährigen Baugeschichte des Doms arrangiert, eine anregende und interessante Ausstellung.

Kunstinteressierte sollten außerdem das **Museo del Novecento** ➧ aD3 nicht auslassen, das ebenfalls am Domplatz zum Besuch einlädt. Im Palazzo dell'Arengario, der aus zwei streng symmetrischen Gebäuden besteht, ist eine umfassende Sammlung moderner italienischer Kunst untergebracht, ein besonderer Blickfang ist die spiralförmige Rampe, die an das Guggenheim Museum von New York erinnert.

Das Museo del Novecento ist im Palazzo dell'Arengario untergebracht

Am Domplatz befindet sich außerdem der Haupteingang

Die Mailänder nennen sie »il salotto« – Salon: die Galleria Emanuele II

zur **Galleria Vittorio Emanuele II** ➡ aC3. Die kreuzförmige Halle mit hoher Zentralkuppel, aufwendigen Bodenmosaiken sowie Ein- und Ausgängen in allen vier Himmelsrichtungen wurde im 19. Jahrhundert als Prunkstück des modernen Mailand erbaut. Sie beherbergt Geschäfte und Cafés, z. B. am Eingang zum Domplatz die historische Bar **Camparino in Galeria**, wo Gaspare Campari den Mailändern erstmals seine Kreation »Campari« vorstellte. Im zentralen Oktagon der Galleria erregt ein Bodenmosaik immer viel Aufmerksamkeit: Wenn man sich auf den Hoden des abgebildeten Stiers einmal um die eigene Achse dreht, soll das Glück bringen – viele Touristen glauben das, die Mailänder eher weniger.

Hinter der Galleria kommt man am berühmtesten Opernhaus der Welt vorbei, dem **Teatro della Scala**, und erreicht das exklusivste Modeviertel Europas, das sogenannte **Quadrilatero della Moda** ➡ aB/aC4 zwischen Via Montnapoleone, Via della Spiga und Via Sant'Andrea (verkehrsberuhigte Zone) mit den Edelboutiquen von Armani, Valentino, Ungaro, Gaultier, Saint Laurent, Versace ...

Vom Modeviertel ist es nicht weit zur **Pinacoteca di Brera** ➡ aB3. Zur Sammlung gehören Werke der bedeutenden oberitalienischen, niederländischen und venezianischen Meister der Renaissance, des Manierismus und des Barock sowie italienische Malerei des 18. und 19. Jahrhunderts.

Von hier aus bietet sich der Besuch des **Castello Sforzesco** ➡ aB2 an. Zu einem Magneten hat sich der imposante Bau durch die seine Kunstsammlungen entwickelt, aber auch weil man ohne Eintritt durch die Innenhöfe und dahinter im weitläufigen Park flanieren kann.

Doch die Top-Attraktion Mailands ist Leonardo da Vincis Fresko »Das letzte Abendmahl«. Nach über 20 Jahren Restaurierung ist es seit 1999 im Cenacolo Vinciano (Speisesaal) der Kirche **Santa Maria delle Grazie** ➡ aC1 zu betrachten. Eine Reservierung ist obligatorisch, trotzdem reihen sich die Wartenden oft bis weit auf die Straße. Seit der Beliebtheit von »The Da Vinci Code« (»Sakrileg«) hat das Fresko eine ganz neue Anziehungskraft. Wer mag, kann von hier aus gemütlich zurück zum Ausgangspunkt des Rundgangs, dem Domplatz, bummeln.

Die Abende in Mailand verbringt man am besten im Viertel **Ticinese** ➡ südl. aE1/2 im Süden der Millionenstadt (mit der M2 bis Porta Genova). Dort hat sich an den zwei langen Kanälen **Naviglio Grande** und **Naviglio Pavese** das Ausgehviertel der Stadt etabliert. Einheimische und Touristen treffen sich gleichermaßen, zahlreiche Restaurants, Pizzerien und Kneipen laden zur Einkehr ein, die Kanäle bilden dafür eine stimmungsvolle Szenerie. Wer vor allem Discos besuchen will, wird dagegen am **Corso Como** ➡ nördl. aA3 (mit der M2 bis Stazione Garibaldi) nördlich der Porta Garibaldi fündig.

Service-Informationen Mailand

Tourist Information ➡ aC3
Piazza Duomo 14
(neben dem Dom)
20121 Mailand
www.yesmilano.it

MilanoCard
www.milanocard.it/de
Die Karte gewährt kostenlosen oder ermäßigten Eintritt in über 20 Museen und freie Fahrt in allen öffentlichen Verkehrsmitteln. Online buchbar.

Anfahrt von Comer See und Lago Maggiore
Von Como (Comer See) und Laveno Mombello (Lago Maggiore) fährt die private Trenord (Tochtergesellschaft der Ferrovie Nord Milano/FNM) in etwa 45 Min. zur Stazione Cadorna (Milano Nord) oder zur Stazione Porta Garibaldi, Verbindungen gibt es etwa halbstündlich. Mit der U-Bahn M1 geht es weiter zum Domplatz, ab Porta Garibaldi mit M2 und M1. Züge der staatlichen Ferrovie dello Stato Italiano (FS) fahren vom Westufer des Lago Maggiore (Stresa und Arona) zur Stazione Porta Garibaldi.

Metropolitana Milano (MM)
ATM (Azienda Trasporti Milanesi)
✆ 02 48 60 76 07
www.atm.it (auch auf Englisch)
Die vier U-Bahn-Linien M1, M2, M3 und M5 fahren etwa von 6.15 Uhr bis kurz nach Mitternacht. Günstig ist das Carnet mit 10 Tickets (bei jeder Fahrt kann man innerhalb von 90 Min. einmal Metro fahren und beliebig oft Tram oder Bus bis zum Ziel). In den Stationen Stazione Centrale, Cadorna und Piazza Duomo gibt es Tickets für 1 Tag, 3 Tage und eine Woche. Kinder bis 14 Jahre fahren gratis.

CitySightseeing Milano
✆ 02 86 71 31
www.city-sightseeing.it
Tägliche Rundfahrten mit roten Open-Air-Bussen auf drei verschiedenen Routen, Ein- und Aussteigen bei jeder Station möglich (Hop-on/Hopp-off).

Jede Saison etwas Neues in der Stadt der Mode: Schaufensterkollektion bei Dolce und Gabbana in Mailand

Biblioteca e Pinacoteca Ambrosiana ➡ aC3
Piazza Pio XI 2, Mailand
✆ 02 80 69 21
www.ambrosiana.eu
Ein Kardinal aus dem Hause Borromeo ließ im Jahr 1609 im Herzen von Mailand eine der ersten öffentlichen Bibliotheken Europas einrichten, die er als kunstliebender Mäzen mit Gemälden aus seinem Privatbesitz ausstattete. Daraus entwickelte sich die heutige Pinakothek, die in 24 Sälen Kunst vom späten Mittelalter bis zur Neuzeit zeigt, darunter Werke von Leonardo da Vinci (»Porträt eines Musikers«), Caravaggio, Botticelli, Tiepolo und Tizian. Berühmt ist der »Codice Atlantico« in der Bibliothek, der auf über 1000 Seiten Leonardo da Vincis Entwürfe, Skizzen und Zeichnungen zeigt.

Grande Museo del Duomo ➡ aC3
Piazza Duomo 12, Mailand
✆ 02 72 02 33 75
www.duomomilano.it
26 anspruchsvoll konzipierte Räume mit Relikten aus der Domgeschichte.

Museo del Novecento ➡ aD3
Piazza del Duomo 8
Mailand
✆ 02 88 44 40 61
www.museodelnovecento.org
Das Kunstschaffen Italiens über zwei Weltkriege hinweg bis in die Gegenwart wird hier dokumentiert.

Pinacoteca di Brera ➡ aB3
Via Brera 28, Mailand
✆ 02 72 26 32 30
www.pinacotecabrera.org
Werke der lombardischen, venezianischen und mittelitalienischen Schule, u. a. von Raffael, Tizian, Tintoretto, Bellini und della Francesca. El Greco, Rubens, Rembrandt und Van Dyck ergänzen die Sammlung.

Castello Sforzesco ➡ aB2
Piazza Castello
Mailand
✆ 02 88 46 37 00
www.milanocastello.it
1386 errichtet, 1447–72 von Francesco Sforza umgestaltet, der darin residierte. Der mächtige Torturm und der dahinter liegende Exerzierplatz beeindrucken, erst recht die Kunstsammlungen.

Polyptychon aus dem Valle Romita (um 1415) von Gentile da Fabriano in der Pinacoteca di Brera

Beliebter Treffpunkt: der Springbrunnen vor dem Castello Sforzesco

1 Duomo di Santa Maria Nascente ➡ aC3
Piazza del Duomo
Mailand
✆ 02 72 02 33 75
www.duomomilano.it
Das Wahrzeichen der Stadt gehört zu den größten Gotteshäusern der Welt. Zum Höhepunkt eines Dombesuchs zählt der Aufstieg auf die Dachterrassen mit weitem Blick über die Dächer Mailands.

L'ultima cena – Das letzte Abendmahl ➡ aC1
Kirche Santa Maria delle Grazie
Corso Magenta, Mailand

Pilgerstätte für Opernfans: Verdis Grab

Als der gefeierte Opernkomponist Giuseppe Verdi am 27. Januar 1901 im Grand Hotel et de Milan in Mailand verstarb, trauerte ganz Mailand. Die Geschäfte wurden für drei Tage geschlossen und eine unübersehbare Menschenmenge folgte seinem Sarg. Zunächst wurde er neben seiner zweiten Frau Giuseppina Strepponi auf dem großen Cimitero Monumentale begraben, doch schon einen Monat später überführte man beide unter den Klängen des berühmten Gefangenenchor aus Nabbuco, »Va, pensiero« (»Flieg, Gedanke, auf goldenen Schwingen«), in die **Casa di Riposo per Musicisti**. Verdi hatte dieses Altersheim als Stiftung für mittellose Musiker gegründet – aus Solidarität mit den vielen Kollegen, die ihre Musik nicht so reich gemacht hatte. Verdis Grab in einer Krypta im Innenhof kann besichtigt werden. Da Verdi dem Heim noch zu Lebzeiten Aufführungsrechte an seinen Opern zugesprochen hatte, kann es bis heute seiner Aufgabe nachkommen. Das Hausmuseum ist nach Anmeldung zu besichtigen (Piazza Buonarroti 29, Metro: M1 Buonarroti, ✆ 02 499 60 09, www.casaverdi.it).

Leonardo da Vincis »Abendmahl« (1498) im Refektorium von Santa Maria delle Grazie (Mailand)

✆ 02 92 80 03 60
www.cenacolovinciano.net
Nur 30 Personen werden gleichzeitig für je 15 Min. eingelassen. Frühzeitige Anmeldung unerlässlich, Wartezeit bis zu zwei Monate. Man lässt sich eine verbindliche Besichtigungszeit geben und muss 30 Minuten vorher erscheinen, sonst verfällt der Termin.

Teatro alla Scala ➡ aC3
Piazza della Scala
Mailand
www.teatroallascala.org/it
Tickets online und an der Kasse des Opernhauses buchbar
Das Opernhaus La Scala an der gleichnamigen Piazza hinter der Galleria Vittorio Emanuele II stammt aus dem 18. Jh. und gehört zu den bekanntesten der Welt. Eine Aufführung sollte man sich nach Möglichkeit nicht entgehen lassen, man kann aber auch das hauseigene Museum besuchen.

Antica Trattoria dei Magnani »Al Cantinone« ➡ aC4
Via Agnello 19 (Seitengasse des Corso Vittorio Emanuele)
Mailand
✆ 02 86 30 15
www.alcantinone.it
Traditionsreiches und zentral gelegenes Lokal mit guter lombardischer Küche, z. B. Ossobuco. Mittags isst man günstiger. €€–€€€

Asso di Fiori ➡ aE2
Alzaia Naviglio Grande 54
Mailand
✆ 02 89 40 94 15
assodifiori.com
Typische Mailänder Trattoria, schön am Naviglio Grande gelegen, mit hervorragenden Spezialitäten (z. B. Ochsenbäckchen) und freundlichem Service. €€–€€€

Nerino Dieci ➡ aD3
Via Nerino 10 (südwestl. vom Domplatz), Mailand
✆ 02 39 83 10 19
www.nerinodieci.it

Die Logen im Teatro alla Scala

Ein Star der kulinarischen Szene Mailands: Die moderne Trattoria macht mit ihrer ausgezeichneten Qualität von sich reden, wobei die Preise keinesfalls überzogen sind. Eine sehr frühzeitige Reservierung ist anzuraten. €€–€€€

Marchesi ➡ aC2
Via Santa Maria alla Porta 11 A
✆ 02 86 27 70
www.pasticceriamarchesi.it
Seit 1824 gibt es sie schon, die älteste Pasticceria (Konditorei) der Stadt. Die leckeren Pasticcini-Törtchen sind ein echter Hingucker und schmecken köstlich. Wem der Weg zum Stammhaus zu weit ist, kann auch die Filiale in der Galleria Vittorio Emanuele II zwischen Domplatz und Teatro alla Scala besuchen. Eine weitere Filiale befindet sich in der Via Monte Napoleone.

Blues Canal ➡ aE1
Via Casale 7, Navglio Grande/Ticinese, Mailand
✆ 02 836 07 99
www.bluescanalmilano.com
Großer Pub im Nachtviertel Ticinese, täglich Livemusik, vorher kann man dort auch essen. €€

La Rinascente ➡ aC3
Piazza del Duomo 3, Mailand
✆ 02 91 38 73 88
www.rinascente.it
Das historische Warenhaus der La-Rinascente-Kette bietet direkt am Domplatz auf sieben Stockwerken Designermode, Wohnaccessoires, Schmuck, Kosmetika und mehr. Beliebt ist die Gourmetabteilung im obersten Stockwerk, von der Aperitivo-Bar **Obicà** genießt man einen wunderschönen Blick auf den Dom.

Il Gattopardo ➡ nördl. aA1
Via Piero della Francesca 47
Mailand
✆ 02 34 53 76 99
www.ilgattopardocafe.it
Tanzen zu DJ- und Livemusik in einer alten Kirche, typisch für das Mailänder Nachtleben mit einem Aperitivo, also Drinks und Kleinigkeiten zu essen. Fr/Sa Reservierung empfohlen.

Das modische Herz Mailands schlägt an der **Via Monte Napoleone** ➡ aC4 nordöstlich des Domplatzes, hier residieren in wahren Modetempeln die großen Designer von Armani über Gucci bis Versace. Noch mehr elegante (und teure) Kleidung, außerdem Schmuck, Taschen und Schuhe sowie edle Antiquitäten gibt es an der **Via della Spiga** ➡ aB4, der **Via Sant'Andrea** ➡ aC4, der **Via Gesù** ➡ aB/C4 und der **Via Santo Spirito** ➡ aB/C4.

DMAGAZINE outlet
– Via Manzoni 44 ➡ aB4
– Via Bigli 4 ➡ aC4
– Via Forcella 13 ➡ südl. aE1
Mailand
www.dmagazine.it
Wer das Modemekka nicht ohne ein Designerteil verlassen kann, dabei aber die Urlaubskasse schonen möchte, der wird hier fündig: Etablierte und (noch) unbekannte Marken zu vergünstigten Preisen. ■

Abends nach 20 Uhr füllen sich die Kneipen entlang des Naviglio Grande mit Nachtschwärmern

Reiseregionen, Orte und Sehenswürdigkeiten

Laghi del Trentino (Seen des Trentino)

Man möchte es kaum glauben, aber ganze 297 Seen besitzt die autonome Provinz Trentino (Trient), der südliche Teil der Doppelregion Trentino-Südtirol. Die meisten liegen als smaragdgrüne Perlen inmitten dichter Bergwälder, andere als Gletscherseen bis in 3000 Meter Höhe. Die größten finden sich jedoch in den weitläufigen Tälern, z. B. die beliebten Badeseen von **Levico** ➡ C16 und **Caldonazzo** ➡ C16 nicht weit von **Trento** ➡ C15. Oberhalb vom bekannten Gardasee wurden am ruhigen **Lago di Ledro** ➡ D13/14 frühgeschichtliche Pfahlbauten entdeckt, während der glasklare und fischreiche **Lago di Molveno** ➡ B14/15 als der schönste und sauberste See im Trentino gilt.

Lago di Caldonazzo ➡ C16
Der größte See des Trentino ist von der Provinzhauptstadt Trento nur einen Katzensprung entfernt. Obwohl er vom Durchgangsverkehr im Tal der Brenta, der sogenannten **Valsugana**, stark tangiert wird und auch die eingleisige Ferrovia della Valsugana von Trento nach Venedig unmittelbar am Seeufer verläuft, ist er ein beliebter, im Sommer stets stark besuchter Badesee und auch bei Wassersportlern sehr begehrt. Auf dem etwa fünf Kilometer langen und bis zu zwei Kilometer breiten Gewässer wird gesegelt und gesurft, sogar das Wasserskifahren ist gestattet, was im umweltbewussten Trentino sonst generell untersagt ist.

Castel Pergine am Lago di Caldonazzo

Einzige Sehenswürdigkeit in Seenähe ist das malerische **Castel Pergine**, das nördlich vom See über **Pergine Valsugana** thront. Es gehörte lange den Tiroler Fürsten und wurde später durch die Fürstbischöfe von Trento übernommen. Alljährlich werden Werke eines zeitgenössischen Künstlers gezeigt. Der große Garten lädt zum entspannenden Verweilen ein. Ein guter Standort für Bade- und Campingurlauber ist **Calceranica al Lago** mit seinem langen Kies- und Sandstrand auf einer Halbinsel am südlichen Ende des Sees.

Castel Pergine ➡ C16
Via al Castello 10
Pergine Valsugana
✆ 04 61 53 11 58
www.castelpergine.it
Das Feinschmeckerlokal in der Burg von Pergine Valsugana bietet auch ein vegetarisches Gericht und Weindegustationen. Die Burg ist zu besichtigen (Events und Ausstellungen) und beherbergt 17 Hotelzimmer. €€–€€€

Ca' Rossa ➡ C16
Via Valsugana 26
Pergine Valsugana
✆ 04 61 53 08 40
ristorante-ca-rossa.business.site
Das schmucke Ristorante steht am Südostufer direkt am See, daneben lädt eine hölzerne Plattform zum Baden ein. Serviert wird leckere Meeresküche, aber auch Pizza. €€

Lago di Levico ➡ C16

Der schmale, etwa drei Kilometer lange See ist durch einen bewaldeten Bergrücken von seinem großen Nachbarn getrennt. Inmitten steiler Hänge gelegen wirkt er landschaftlich dramatischer als der Lago di Caldonazzo und wird deshalb auch von Wanderern und Radfahrern geschätzt.

Levico Terme, der Kurort am Ufer des Lago di Levico

Einzige Ansiedlung ist der populäre Kurort **Levico Terme** am Südende, der Anfang des 20. Jahrhunderts als »Gartenstadt« konzipiert wurde und dessen Ambiente sich in mehreren gediegenen Kurhotels und mondänen Cafés bestens genießen lässt. In einer Höhle oberhalb der Stadt entspringt das arsen- und eisenhaltige Wasser, das in dieser Konzentration in Europa einzigartig ist. In der modernen **Terme di Levico** werden von April bis Mitte November Bade- und Fangokuren angeboten, die u. a. auch bei Stress und dessen psychosomatischen Folgen helfen sollen (Befund vom Hausarzt und ärztliche Visite sind obligatorisch). Am Seeufer gibt es ein großzügiges Strandbad (kostenpflichtig), aber auch eine freie Uferzone mit Picknicktischen unter schattigen Bäumen.

Mehrere Festungsruinen, die von der strategischen Bedeutung der Valsugana im Ersten Weltkrieg zeugen, liegen im Umkreis von Levico Terme, z. B. das **Forte Col de Bene** (3,5 Std. Wanderung, Beschreibung im Informationsbüro). Das kleine **Forte di Tenna** steht auf dem Hügel zwischen Levico- und Caldonazzo-See beim

Nachbildung der Pfahlbauten am Lago di Ledro

Örtchen **Tenna**. Eine schöne Panoramastraße führt dort auf den Höhenrücken und weiter in den Kiefernwald **Pineta di Alberè**, wo man im Hotel-Restaurant Margherita gut einkehren kann.

Tourist Information ➡ C16
Viale Vittorio Emanuele III 3
38056 Levico Terme
✆ 04 61 72 77 00
www.visitvalsugana.it

Ristorante/Enoiteca Boivin
➡ C16
Via Garibaldi 9, Levico Terme
✆ 04 61 70 16 70
Die Enoiteca – sie nennt sich bewusst so, um sich von der Enoteca abzugrenzen, wo der Verkauf zum Mitnehmen überwiegt – ist in den Kellern eines Renaissancepalazzo untergebracht und bietet beste Küche, dazu Trentiner und italienische Weine. €€–€€€

Hotel/Restaurant Margherita ➡ C16
Loc. Pineta Alberè 2, Tenna
✆ 04 61 70 64 45
www.hotelmargherita.it
Ruhige Lage mitten in der Pineta di Alberé, lokale Trentiner Küche mit guter Auswahl an Gemüse. Für Hotelgäste gibt es Sauna, Hydromassage, zwei kleine Pools und einen Tennisplatz. €€

Lago di Ledro (Ledro-See)

➡ D13/14

Der kleine malerische Alpensee liegt nur wenige Kilometer nordwestlich vom Gardasee, jedoch inmitten dichter Wälder und fast 600 Meter höher, was die Atmosphäre dort selbst im Hochsommer deutlich ruhiger sein lässt. Anfang des 20. Jahrhunderts war der See sogar noch vollständig isoliert vom munteren Bade- und Kurleben unten in Riva del Garda. Nur eine abenteuerliche Straße mit zahlreichen steilen Serpentinen und Tunneln führte durch die senkrechten Felshänge entlang der Ponale-Schlucht hinauf – da entdeckten Arbeiter, die den hoch gelegenen See für die Wasserversorgung von Riva anzapften, 1929 die Reste einer fast 4000 Jahre alten Pfahlbausiedlung am Seegrund. Dieser bedeutende Fund prägte die Entwicklung und brachte nach und nach einen bescheidenen Tourismus mit sich. Heute beherbergt das archäologische Museum in **Molina di Ledro** ➡ D14 die zahlreichen Funde und **Pieve di Ledro** ➡ D13 am Westende verfügt über eine schöne Badezone mit Liegewiesen und Kiesstrand.

Tourist Information ➡ D13
Via Nuova 7
38060 Pieve di Ledro
✆ 04 64 59 12 22
www.valledildro.com
Hauptbüro für die Valle di Ledro.

Museo delle Palafitte ➡ D14
Via al Lago 1
Molina di Ledro
✆ 04 64 50 81 82
www.palafitteledro.it
Das Pfahlbaumuseum steht am Seeufer. Mehr als 10 000 Pfähle hat

man bergen können, dazu zahlreiche Fragmente, Werkzeuge, Waffen und Keramik. Einige Pfahlhäuser wurden rekonstruiert.

Lago di Molveno (Molveno-See) ➡ B14/15

Der für viele Besucher schönste See des Trentino liegt am Fuß des majestätischen Brenta-Massivs nordwestlich von Trento. Entstanden ist er durch einen gewaltigen Erdrutsch vor etwa 3000 Jahren. Das glasklare und tiefgrüne Gewässer bietet optisch wunderbare Eindrücke, ist aber wegen seiner Lage in fast 900 Metern Höhe nur im Hochsommer zum Baden geeignet. **Molveno**, der einzige Ort, liegt am nördlichen Ende des Sees und zeigt sich mit seiner alpenländischen Bilderbucharchitektur adrett herausgeputzt. Eine große Wiesen- und Parklandschaft mit Kiesstränden, schattigen Bäumen, großem Freibad und Sporteinrichtungen lädt am See zum genussvollen Baden und Sonnen ein.

Wer Abwechslung braucht, kann die mittelalterliche Kirche **San Vigilio** am Friedhof besuchen, die innen wie außen reichen Freskenschmuck besitzt, oder fährt per Seilbahn *(Funivia)* zur sonnigen Hochebene **Altopiano di Pradel** (1350 m) hinauf und weiter mit einem Sessellift (Seggiovia) zum **Palon di Tovre** (1530 m) mit dem **Rifugio Montanara**, wo man gut einkehren und den herrlichen Blick genießen kann. An beiden Stationen gibt es ein ausgedehntes Netz von Wanderwegen.

Tourist Information ➡ B15
Piazza Marconi 5, 38018 Molveno
✆ 04 61 58 69 24
www.visitdolomitipaganella.it

El Filò ➡ B15
Piazza Scuole 3, Molveno
✆ 04 61 58 61 51
Hübsche alpenländische Holzarchitektur im Kellergewölbe, serviert wird charakteristische Trentiner Küche mit Hirsch, Wild und Lachsforelle. €€–€€€

Segelregatta auf dem Molveno-See

Altopiano di Pradel ➡ B15
Funivie Molveno Pradel S.p.A.
Via Nazionale 63
Molveno
✆ 04 61 58 70 08
www.funiviemolveno.it
Die Talstation liegt im oberen Ortsteil von Molveno. Auf markierten Waldwegen kann man auch zu Fuß hinaufsteigen.

Trient/Trento ➡ C15

Die Hauptstadt des Trentino liegt in einem weiten Alpenkessel und wird von mächtigen Bergzügen wirkungsvoll umrahmt. Die mittelalterlichen Fürstbischöfe verstanden sich immer als Mittler zwischen Nord und Süd und so wurde die Stadt zum Schauplatz des später weltberühmten »Konzils von Trient« auserkoren (1545–63), das die Versöhnung der Papstkirche mit den deutschen »Protestanten« zustande bringen sollte, jedoch stattdessen als Auslöser der katholischen Gegenreformation in die Geschichte einging.

Stolze Stadtpaläste mit verblassten Fassadenmalereien und weit vorspringenden alpinen Holzbalkendächern reihen sich vor allem an der **Via Belenzani**, die direkt zum imposanten **Domplatz** ➡ cB1/2 führt. In der Mitte der weiten Platzanlage steht der reich verzierte **Neptunbrunnen** mit dem Wassergott an der Spitze, linker Hand der zinnenbewehrte **Palazzo Pretorio**, in dem sich heute das **Diözesanmuseum** befindet.

Blickfang an der Südfront ist der mächtige gotische **Dom San Vigilio**, dessen strenger Charakter durch zahlreiche architektonische Details abgemildert wird. Im Untergrund sind die Grundmauern einer frühchristlichen Basilika erhalten.

Das **Castello del Buonconsiglio** ➡ cB2, die ehemalige Residenz der Fürstbischöfe, thront am Rand der Altstadt. Sie besteht aus mehreren Palazzi aus verschiedenen Jahrhunderten, die von einer Mauer mit Rundtürmen umschlossen sind. Der älteste Teil ist das Castelvecchio aus dem 13. Jahrhundert mit der runden Torre Grande. Zu besichtigen

Der Domplatz von Trient mit dem Neptunbrunnen

sind ein Lapidarium, eine große archäologische Sammlung, Skulpturen des 14. bis 18. Jahrhunderts sowie der einzigartige Freskenzyklus der »dodici mesi« (zwölf Monate) aus dem 15. Jahrhundert in der runden **Torre d'Aquila** (nur mit Führung). Weiterhin ist der Prunk der Fürstbischöfe im **Magno Palazzo** zu bewundern, erbaut im 16. Jahrhundert auf Wunsch von Bernardo Clesio. Zu sehen sind auch die **Todeszellen** von Cesare Battisti, Damiano Chiesa und Fabio Filzi, die gegen die österreichische Besatzung kämpften und hier 1916 erschossen wurden.

Dass Trento schon in römischer Zeit ein bedeutender Knotenpunkt war, sieht man unter der **Piazza Cesare Battisti** ➡ cB2. Dort hat man einen großen Teil der einstigen römischen Garnisonsstadt »Tridentum« ausgegraben, genannt **Tridentum sotteranea**.

Tourist Information ➡ cB1
Piazza Dante 24 (Bungalow an der Grünanlage vor dem Bhf., Ecke Via Alfieri)
38122 Trient
✆ 04 61 21 60 00, www.trento.info
Hilfreiche Infos, auch zu Übernachtungen und Führungen.

Diözesanmuseum ➡ cB1/2
Palazzo Pretorio
Piazza Duomo 18, Trient
✆ 04 61 23 44 19, www.museodiocesanotridentino.it
Gemälde und Tafelbilder zum Konzil, Bischofsgewänder und der Domschatz. Im Eintritt ist die Besichtigung der Ausgrabung im Dom eingeschlossen.

Castello del Buonconsiglio ➡ cB2
Via Bernardo Clesio 5, Trient
✆ 04 61 23 37 70
www.buonconsiglio.it
Ehemalige Residenz der Fürstbischöfe.

Der ehemalige Sitz der Trienter Bischöfe: Castello del Buonconsiglio

Tridentum sotterranea ➡ cB2
Piazza Cesare Battisti, Trient
✆ 04 61 23 01 71
Eindrucksvoll aufbereitet sieht man ein langes Straßenstück, einen Torturm, Reste von Häusern, Kanäle und Mosaikböden vom römischen Tridentum.

Scrigno del Duomo ➡ cB1
Piazza Duomo 29, Trient
✆ 04 61 22 00 30
www.scrignodelduomo.com
Feine trentinische Küche, dazu beste Weine, sehr schöner Innenraum mit reich verzierter Holzbalkendecke, man kann aber auch direkt am Domplatz sitzen. €€–€€€

Antica Birreria Pedavena ➡ südl. cB2
Piazza Fiera 13, Trient
✆ 04 61 98 62 55
www.birreriapedavena.com

Auf zum Lago di Garda: Italiens liebstes Urlaubsziel

Torbole am Gardasee

Ach ja, der Gardasee ... Wenn es ihn nicht gäbe, man müsste ihn schier erfinden – denn wo sonst sollten all die sonnenhungrigen Urlauber aus Süddeutschland, insbesondere aus München und Umgebung, ihre wohlverdienten Italienferien verbringen? Kein See im Land der blühenden Zitronen ist größer, keiner liegt strategisch günstiger – nahe der Autobahn von Innsbruck nach Verona – und wohl keiner hat unser Bild vom heiteren Süden so geprägt wie er. Schon in den Wirtschaftswunderjahren begann die Völkerwanderung über die Alpen und so manchen, der sich damals im Käfer über den Brenner quälte, hat die Idylle zwischen Oliven und Weinreben bis heute nicht losgelassen. Was kein Wunder ist, denn die landschaftlichen Szenerien am See sind tatsächlich einzigartig: Vom fjordartig schmalen Norden, der noch im Trentino liegt und von schroffen Felsrücken malerisch eingerahmt ist, bis zum weiten Süden des Sees mit der nadeldünnen Landzunge von Sirmione und einer der schönsten Wasserburgen Europas gibt es eine Fülle von Highlights. Zu Recht gelten die panoramareichen Uferstraßen – im Westen die Gardesana Occidentale, im Osten die Gardesana Orientale – als wahre Traumstraßen in Bella Italia. Wenn Sie mehr wissen möchten – unser **Reiseführer »Gardasee«** (mit Verona und Brescia) gibt die nötigen Informationen für Ihren Urlaub.

Deftige trentinische Küche in einer einstigen Brauerei aus dem Mittelalter. Man isst in den holzgetäfelten Räumen mit sehr viel Ambiente oder dahinter im überdachten Freibereich. Noch heute wird das eigene Bier gebraut. Meist sehr gut besucht. €€

Die Altstadt von Trento

Ausflugsziele:

Museo Etnografico Trentino
➡ B15
Via Mach 2
San Michele all'Adige
✆ 04 61 65 03 14
www.museosanmichele.it
Das Volkskunde- und Trachtenmuseum in einem Kloster 15 km nördlich von Trento zeigt in mehr als 80 Sälen die Traditionen der Region – eine der wichtigsten Sammlungen ihrer Art in Italien.

Lago di Lagolo ➡ C15
Der beliebte kleine Badesee liegt mit seinen sonnigen Wiesenufern am Hang des Monte Bondone, ca. 12 km westlich von Trento.

Lago d'Iseo (Iseo-See)

Der kleinste der großen oberitalienischen Alpenseen liegt zwischen Gardasee und Comer See und ist gerade mal halb so lang wie seine berühmten Nachbarn. Aus der Kette der Voralpenseen ist er der am wenigsten bekannte, was ihm aber so schlecht nicht bekommt, denn seine relative Kleinräumigkeit würde keinen großen Andrang verkraften – dies hat man zuletzt im Sommer 2016 gesehen, als der weltbekannte Verhüllungskünstler Christo kurzzeitig seine kilometerlangen, gelb glänzenden »Floating Piers« auf dem See installierte und die Region kurz vor dem Kollaps stand.

Der Iseo-See verfügt über dieselben Attribute wie seine bekannten Nachbarn – lange palmengesäumte Promenaden, mediterran anmutende Vegetation (vor allem im Süden), die wunderbaren Farben des Wassers an Sonnentagen, die entspannte Seeatmosphäre, die regelmäßigen Winde, die die Surfer lieben. Allerdings sind nicht alle Ecken am See für einen Ferienaufenthalt gleichermaßen geeignet, denn der Iseo-See besitzt auch Industrie und im Norden gibt es streckenweise senkrecht abfallende Steilfelsen, was die Ansiedlung von Orten unmöglich gemacht hat. Eigentliches Urlaubszentrum ist der breite Süden. Vor allem um den freundlichen Hauptort **Iseo** ➡ F10 findet man zahlreiche Hotels und Campingplätze aller Größen und Kategorien. Der Iseo-See verfügt aber auch über eine echte Attraktion, nämlich die ❷ **Monte Isola** ➡ E10, eine steil aufragende und vollständig bewaldete Insel dicht vor dem Ostufer, die immerhin die größte Seeinsel Europas ist.

Ein Tipp für Tagesausflüge: Die Uferstraße von Iseo nach Norden ist seit dem Bau der Schnellstraße spürbar weniger vom Lkw-Verkehr in die stark industrialisierte **Valcamonica** ➡ D10–A12 belastet. Doch auch mit dem Zug lässt sich ein Ausflug in diese Richtung bequem unternehmen: Von Brescia kommt die privat betriebene **Trenord** (Tochtergesellschaft der Ferrovie Nord Milano/FNM) und fährt über Iseo am Ostufer entlang bis Pisogne und weiter die Valcamonica hinauf bis Edolo. Verbindungen gibt es auf dieser Strecke etwa stündlich.

Urlaubsdomizil zwischen Gardasee und Comer See: der Lago d'Iseo

Im Frühjahr blühen die Seerosen

Und von Iseo sind es nur rund 40 Kilometer Richtung Comer See bis zur kunstreichen Stadt **Bergamo** ➡ E8, die insbesondere mit ihrer historischen 3 **Città alta** beeindruckt.

Trenord
www.trenord.it

Iseo ➡ F10

Das Urlaubsstädtchen ist vor allem bei Deutschen und Niederländern beliebt. Die Uferpromenade bietet sich zum Flanieren an, das kleine Altstadtviertel mit der Piazza Garibaldi liegt gleich dahinter. Im Kirchlein **Santa Maria del Mercato** aus dem 14. Jahrhundert am Beginn der Via Mirolte findet man gut erhaltene Fresken verschiedenen Alters. Etwas abseits vom Zentrum steht die Kirche **Sant'Andrea** aus dem 11. Jahrhundert mit Glockenturm und dem Fassadengrab des Fürsten Giacomo Oldofredi. Ein Freibad liegt westlich vom Ort und noch weiter in Richtung Clusane erstreckt sich am Seeufer die **Riserva Naturale delle Torbiere del Sebino**, ein etwa zwei Quadratkilometer großes Torfmoor, das vom Zentrum aus zu Fuß zu erreichen ist, der Eingang liegt beim Fußballplatz »Stadio Comunale« von Iseo.

Tourist Information ➡ F10
Lungolago Marconi 2 C
25049 Iseo (BS)
✆ 030 98 02 09
www.iseolake.info

Riserva Naturale delle Torbiere del Sebino ➡ F10
Zwischen Iseo und Clusane
www.torbieresebino.it
Ganzjährig frei zugänglich
Auf schilfgesäumten Bretterwegen kann man wunderbar spazieren gehen, besonders schön im Frühjahr, wenn hier Tausende von Seerosen blühen.

Al Porto ➡ F10
Piazza Porto dei Pescatori 12
Clusane
✆ 030 98 90 14
www.alportoclusane.it
Die gemütliche Trattoria am Hafen ist seit dem 19. Jh. in Familienbesitz. Spezialität: *Tinca al forno,* Schleie aus dem Backofen mit Polenta. €€–€€€

Ca' de Cindri ➡ F10
Via Duomo 46, Iseo
✆ 030 982 15 43

Hier lässt es sich gut flanieren: Piazza Garibaldi im Städtchen Iseo

Lovere, der größte Seehafen am Lago d'Iseo

Urgemütliche Trattoria im Zentrum, man sitzt an Tischen auf der Straße, leckere Hausmannskost, immer gut besucht. €€

Caffè Letterario Eden
➡ F10
Piazza Garibaldi 31, Iseo
✆ 030 98 17 62, www.facebook.com/CaffeLetterarioEdenIseo
Die Zeitung lesen, in Büchern schmökern – dazu schmeckt eine gute Tasse Kaffee oder ein leichtes Mittagessen. Buchhandlung mit Café im Zentrum.

Sassabanek ➡ F10
Via Colombera 2, Iseo
✆ 030 98 06 00
www.sassabanek.it
Großes Sportzentrum westlich vom Ort, Schwimmbad, Tennis, Liegewiese, Badestrand, Sauna, Wasserski-, Segel- und Windsurfschule. Auch Caravan-Camping und Hotel. Mit Osteria.

Lovere ➡ D10

Der größte Seeort liegt am Nordufer des Iseo-Sees. Pittoresk ist die Piazza XIII Martiri mit ihren übereinander gestaffelten Hausfassaden. Davor erstreckt sich eine sehr großzügig erweiterte Seepromenade. Kulturelles Highlight ist die **Galleria Tadini** in einem großen Palazzo an der südlichen Uferstraße. Die Renaissancekirche **Santa Maria in Valvendra** nördlich vom Zentrum beeindruckt vor allem durch ihre Größe. Herrlich ist der Blick zum gegenüberliegenden Ufer. Im Süden erstrecken sich Fabrikanlagen, hinter denen man aber auf das schönste Streckenstück einer Seeumrundung trifft, eine mächtige Steilküste mit turmhohen Wänden.

Vom nahe gelegenen und idyllisch ruhigen **Riva di Solto** kann man zum Örtchen **Zorzino** ➡ E10 hinaufkurven, das mit herrlichem Panoramablick hoch über dem See liegt. Und wer noch einen weiteren Badesee kennenlernen will, der wunderbar im Grünen liegt, sollte die wenigen Kilometer bis zum **Lago di Endine** ➡ E10 weiterfahren. Eine großzügige Badewiese mit schattigen Weiden findet man dort in **Monasterolo del Castello** am südlichen Ostufer.

Tourist Information ➡ D10
Piazza XIII Martiri 37 (Fähranlegestelle), 24065 Lovere (BG)
✆ 035 96 21 78, www.iseolake.info

Galleria dell'Accademia Tadini
➡ D10
Via Tadini 40, Lungolago, Lovere
✆ 034 94 11 87 79
www.accademiatadini.it
Gemäldesammlung venezianischer und lombardischer Maler des 15.–18. Jh., Wandteppiche, Porzellan und Miniaturen.

Nur von außen zu bewundern: Rocca Martinengo auf der Monte Isola

2 Monte Isola ➡ E10

Unübersehbar prägt die steil aufragende und dicht bewaldete Insel das Profil der südlichen Hälfte des Iseo-Sees. Was man in Italien immer häufiger antrifft: Autos sind hier verboten. Eine Straße umrundet zwar das ganze Massiv, doch außer Linienbussen dürfen hier nur Rettungsfahrzeuge, Mofas oder Roller fahren. Für Touristen sind nur Fahrräder erlaubt, die man entweder vom Festland mitbringt oder auf der Insel mietet (Verleih z.B. in Peschiera Maraglio). Die neun Kilometer lange Inselumrundung dauert etwa drei Stunden und von allen Orten führen Wege hinauf zur Wallfahrtskirche **Santuario di Madonna della Ceriola**, die den in 600 Metern Höhe gelegenen Inselgipfel beherrscht und wo man bei klarer Luft einen tollen Rundumblick hat.

Hauptort der Insel ist das malerische und steil an den Hang gestaffelte **Peschiera Maraglio** im Südosten. Hinter der schlichten Uferpromenade findet man winklige Treppen und schmale Gässchen, in die kein Sonnenstrahl fällt. Die klassizistische Pfarrkirche besitzt schöne Wand- und Deckengemälde. Von der Anlegestelle nach links kommt man auf der Strada dei Pittori entlang des sonnenbeschienenen Südufers nach **Sensole**, unterwegs gibt es viele einladende Badestellen unter Olivenbäumen. Vor Sensole liegt die kleine **Isola San Paolo**, die der berühmten Brescianer Waffenfabrikantendynastie Beretta gehört. Ein schöner Spaziergang führt hoch zur beeindruckenden Festung **Rocca Martinengo**, die leider nicht von innen besichtigt werden kann.

Überfahrten zur Monte Isola ➡ E10

Von Sulzano (Ostufer) kommt man alle 15–30 Min. nach Peschiera Maraglio. Etwa stündlich bestehen Verbindungen von Sale Marasino nach Carzano, außerdem am Westufer etwa stündlich von Tavernola nach Sensole und Porto Siviano. Und fast alle sonstigen Seefähren laufen die Insel an.

Tourist Information ➡ E10

25050 Peschiera Maraglio (rechts von der Anlegestelle), Monte Isola

✆ 030 982 50 88

www.visitmonteisola.it

Mit Ausstellung zur Seefischerei.

Santuario Madonna della Ceriola ➡ E10
Man nimmt in Peschiera Maraglio die Straße nach Senzano, der Abzweig zum Santuario ist beschildert. In etwa 50 Min. kommt man über die höchstgelegene Ortschaft Cure zum Heiligtum.

Del Sole ➡ E10
Sensole 17, Monte Isola
✆ 030 988 61 01
Idyllisches Gartenlokal direkt am See, leckere Fischgerichte und ebensolche Pasta. €–€€

Pisogne ➡ E10/11

Das Städtchen am nördlichen Ostufer des Iseo-Sees besitzt einen alten Ortskern mit engen Gassen und Laubengängen, davor liegt eine Seepromenade. Am Uferplatz steht die 1250 erbaute **Torre del Vescovo**, ein Stützpunkt des Bischofs von Brescia. Größte Sehenswürdigkeit ist die Kirche **Santa Maria della Neve** am nördlichen Stadtrand. Tipp für Radler und Spaziergänger: Auf einer autofreien Uferstraße kommt man von **Toline** ➡ E10 (südl. von Pisogne) ins vier Kilometer entfernte **Vello** ➡ E10, wo man in der Bar Baia del Sol einkehren kann. Südlich von Pisogne führt die Schnellstraße mit langen Galerien und herrlichen Ausblicken bis **Marone** ➡ E10. Auf einer steilen Serpentinenstraße kommt man hinauf nach **Cislano** ➡ E10/11 mit den eigenartig erodierten Felsspitzen »Piramidi di Erosione«.

Sehr lohnend ist ein Ausflug ins breite, grüne **Valcamonica** ➡ D10–A12, das sich vom Iseo-See nach Norden hin fortsetzt. Hier hat man mittlerweile über 200 000 prähistorische Felszeichnungen vom Paleolithikum bis zur Besetzung durch die Römer gefunden. Diese Zeugnisse der frühen Bevölkerung, der sogenannten Camunen, sind die ältesten Spuren menschlicher Besiedlung im Seengebiet. Seit 1979 stehen sie als »Erbe der Menschheit« und seit 2018 als Biosphärenreservat unter dem Schutz der UNESCO. Die Sgraffiti befinden sich hauptsächlich im **Parco Nazionale delle Incisioni Rupestri** (Nationalpark der Felszeichnungen) in der **Località Naquane** bei Capo di Ponte. Dort sind Tausende von Eingravierungen erhalten, darunter das »Labyrinth« auf dem Fels »Grande Roccia«. Das Gelände lässt sich auf Rundgängen durchqueren. Korrespondierend dazu zeigt das Freilichtmuseum **Archeopark** im Thermalort Boario Terme am südlichen Talbeginn die vorgeschichtlichen Verhältnisse in der Valcamonica.

Santa Maria della Neve ➡ E10
Via della Pace 2, Pisogne
Ein 1534 mit viel Realismus gemalter Freskenzyklus von Romanino bedeckt Wände und Gewölbe.

Ausflugsziele:

Archeopark ➡ D11
Località Gattaro 4, Boário Terme
✆ 03 64 52 95 52
www.archeopark.net

Der Bischofsturm von Pisogne

Grotte mit Felszeichnungen, Bauernhof der Jungsteinzeit, Wehrdorf, Pfahldorf u.v.m.

Parco Nazionale delle Incisioni Rupestri ➡ C12
Loc. Naquana (an der SS 42 ausgeschildert), Capo di Ponte
✆ 03 64 421 40, www.parcoincisioni.capodiponte.beniculturali.it
In dem weitläufigen Gelände sind Tausende von Eingravierungen erhalten. Möglich sind Rundgänge von etwa 30 Min. bis 4 Std.

Bergamo ➡ E8

Die kunstreiche Stadt im hügligen Voralpengebiet ist das kulturelle Highlight zwischen Iseo-See und Comer See. Die für den Autoverkehr gesperrte historische 3 **Città alta** ➡ dA1 (Oberstadt) hat die Jahrhunderte unbeschadet überdauert und thront auf einem hohen, mauerbewehrten Plateau über der klassizistisch-modernen Città bassa (Unterstadt). Mit einer Standseilbahn (alle 10 Min. ab Viale Vittorio Emanuele II, letzte Fahrt hinunter ca. 19.30 Uhr), per Auto oder in 15 Minuten zu Fuß auf einem Treppenweg kann man hinaufgelangen.

An der zentralen Piazza Vecchia dominiert der gotische **Palazzo del Ragione** ➡ dA1, das frühere Rathaus mit offenem Erdgeschoss, quer durch die Halle zieht sich eine Art Sonnenuhr mit Tierkreiszeichen. Im ersten Stock des benachbarten **Palazzo del Podestà**, wo der venezianische Statthalter seinen Sitz hatte, kann das **Museo Storico dell'Età Veneta** besichtigt werden. Die angebaute, 52 Meter hohe **Torre Civica** lässt sich per Lift »erfahren«.

An der dahinter liegenden **Piazzetta del Duomo** ➡ dA1 findet man linker Hand den **Dom** mit klassizistischer Fassade, im Inneren besitzt er zahlreiche Gemälde, darunter in der Apsis ein Werk von Tiepolo. Prunkvoller, aber auch überladener ist die romanische Kirche **Santa Maria Maggiore** geradeaus. Im hinteren Bereich der Kirche steht ein Grabmal für den einheimischen Opernkomponisten Gaetano Donizetti (1797–1848).

Angebaut an die Kirche ist die **Cappella Colleoni**, eine Filigranarbeit aus weißem und rosa Marmor, errichtet im 15. Jahrhundert. Der venezianische Söldnerführer Bartolomeo Colleoni und seine

Bergamo: Blick auf das historische Zentrum der Oberstadt

Die Piazza Vecchia in der mittelalterlichen Oberstadt von Bergamo

Tochter Medea ruhen im Innenraum, Blickfang ist die vergoldete Reiterstatue des Vaters, die Kuppel hat Giambattista Tiepolo ausgemalt. Das benachbarte **Baptisterium** stammt aus dem 14. Jahrhundert und stand ursprünglich innerhalb der Kirche Santa Maria Maggiore.

In einer Gasse hinter der Kirche steht der große Palazzo della Misericordia, der heute mit Relikten aus den letzten Lebensjahren des Künstlers als **Museo Donizettiano** ➡ dA1 eingerichtet ist. Die **Casa natale di Donizetti** ➡ westl. dA1, das Geburtshaus des Komponisten oberhalb der Città Alta, kann auch besichtigt werden.

Wenn man von der Piazza Vecchia die Hauptgasse Via Colleoni weiterläuft, trifft man am Ende der Altstadt auf die Reste der Cittadella, von der noch ein Turm steht. An der Außenseite der Burg fährt ein **Funicolare** ➡ westl. dA1 etwa alle 15 Minuten zu den Ruinen des viertürmigen **Castello di San Vigilio** ➡ nordwestl. dA1 hinauf, wo man einen herrlichen Blick auf die Ober- und Unterstadt hat.

Unterhalb der Altstadt findet man an der gleichnamigen Piazza die jüngst restaurierte **Accademia Carrara** ➡ dA2 mit einer der bedeutendsten Gemäldesammlungen Norditaliens.

Tourist Information
– Torre del Gombito
Via Gombito 13
24129 Bergamo (Città alta) ➡ dA1
✆ 035 24 22 26
www.visitbergamo.net
– Piazzale Guglielmo Marconi 12
24121 Bergamo (Città bassa) ➡ dB2
✆ 035 21 02 04

Casa natale di Gaetano Donizetti ➡ westl. dA1
Via Borgo Canale 14
Bergamo (Città alta)
✆ 035 24 44 83
Geburtshaus des Opernkomponisten.

Museo Donizettiano ➡ dA1
Palazzo della Misericordia
Via Arena 9, Bergamo (Città alta)
✆ 035 24 71 16
museodellestorie.bergamo.it
Stattliche Sammlung zu Leben und Werk von Donizetti.

Pinacoteca dell'Accademia Carrara in Bergamo: »Madonna mit dem Kind« (1480–90) von Giovanni Bellini

Museo delle Storie età Veneta ➡ dA1
Palazzo del Podestà
Piazza Vecchi
Bergamo (Città alta)
✆ 035 24 71 16
museodellestorie.bergamo.it
Das Museum Zeigt Dokumente, Bücher, Karten und Gemälde aus der Zeit der venezianischen Herrschaft (16. Jh.).

Pinacoteca dell'Accademia Carrara ➡ dA2
Piazza Giacomo Carrara 82
Bergamo (Città alta)
✆ 035 23 43 96
www.lacarrara.it
In der Gemäldegalerie finden sich Venezianische, florentinische und lombardische Meister, darunter Bellini, Botticelli, Raffael, Tizian, Tintoretto und Tiepolo, aber auch Dürer, Brueghel, Holbein, Rubens und El Greco.

Cappella Colleoni ➡ dA1
Piazza del Duomo
Bergamo (Città alta)
✆ 035 21 00 61
Beeindruckendes Grabmal in einer prunkvollen Privatkapelle.

Santa Maria Maggiore ➡ dA1
Piazza Duomo
Bergamo (Città alta)
Imposante Kirche mit viel Gold, Stuck, Gemälden und Wandteppichen, dazu das Grab des Opernkomponisten Donizetti.

Torre Civica (Campanone) ➡ dA1
Piazza Vecchia 8 A
Bergamo (Città alta)
✆ 035 24 71 16
museodellestorie.bergamo.it
Stadtturm mit der größten Glocke der Lombardei. Tolle Aussicht von oben.

Donizetti ➡ dA1
Via Gombito 17/a
Bergamo (Città alta)
✆ 035 24 26 61
Enoteca, Restaurant und Weinbar. Degustation von Käse, Wurst und Schinken, dazu Hunderte von Weinen. In dem überdachten Patio an der Hauptgasse sitzt man schön. €€

Ausflugsziel:

Leolandia ➡ F8
Via Vittorio Veneto 52
Capriate San Gervasio (so heißt auch die Autobahnausfahrt südwestl. von Bergamo)
✆ 029 09 01 69
www.leolandia.it
Großer Vergnügungspark mit rund 160 Miniaturen der schönsten Denkmäler Italiens, dazu Ausstellungen, Tiere, Fahrgeschäfte, Shows und Attraktionen.

Serio-Wasserfälle ➡ C10
Valbondione, 45 km von Bergamo enfernt
Die mit 315 m höchsten Wasserfälle Italiens sind frei zugänglich.

Lago di Como (Comer See)

Der Lario, wie der Comer See ➡ B7–E6 nach dem lateinischen *Lacus Larius* von den Einwohnern klangvoll genannt wird, ist zweifellos derjenige der Alpenseen mit dem ungewöhnlichsten »Grundriss«: Etwa in der Mitte spaltet sich der 55 Kilometer lange und fjordartig steil eingeschnittene See wie ein umgekehrtes Y unversehens in zwei gleich lange Ausläufer, an deren Enden die beiden größten Städte Lecco und Como liegen. Mit 410 Metern ist der Lario zugleich der tiefste See der Alpen – und er besitzt eine ganz besondere Art von natürlicher Schönheit. Seit Jahrhunderten schon wurden prunkvolle Schlösser an seinen Gestaden erbaut, verstecken sich exquisite Villen mit opulenten Gartenanlagen an den steilen Hängen, schätzten gekrönte Häupter, Künstler und wohlhabende Geschäftsleute die reizvolle Kombination von edlem Wohnkomfort und exotisch vielfältiger Pflanzenwelt.

Vor allem in der Seemitte hat das ganzjährig milde Klima die üppigste mediterrane und subtropische Vegetation hervorgebracht und hier liegen die Orte mit dem nostalgischen Charme der Belle Époque, allen voran das zauberhafte 4 **Bellágio** ➡ C6, aber auch **Tremezzo** ➡ C6 mit seinen prächtigen Gärten, das kleine, aber feine 5 **Varenna** ➡ C7 und das beliebte **Menággio** ➡ C6 zählen dazu.

Der Norden zeigt sich dagegen eher rau und alpin und ist in erster Linie eine Domäne der Wassersportler, die sich bei **Domaso** ➡ B7 treffen. Um **Como** ➡ E6 und **Lecco** ➡ D7 im Süden des Sees ballt sich schließlich einiges an Industrie, weltberühmt sind vor allem die Seidenmanufakturen, die früher einen Großteil der Weltproduktion stemmten – heute noch etwa 70 Prozent der europäischen Seidenverarbeitung, allerdings aus importierter Seide. Insgesamt ist das Westufer reicher an kulturellen Höhepunkten und Sehenswürdigkeiten als der Osten, der außerdem morgens noch im Schatten liegt, während die wärmenden Sonnenstrahlen den Westen bereits erreicht haben.

Bellágio – in exponierter Lage am Comer See (Lombardei)

Doch dank der gut organisierten Seeschifffahrt sind Tagesausflüge in die verschiedenen Seeorte jederzeit problemlos möglich. In nur wenigen Autominuten kann man sogar zum nahen **Luganer See** gelangen.

4 Bellagio ➡ C6

Das ehemalige schlichte Fischerdorf in der geografischen Mitte des Comer Sees ist schon seit dem 19. Jahrhundert ein Zentrum des internationalen Tourismus. Die exponierte Lage an der Spitze zwischen den beiden Seearmen zieht Prominenz aus aller Welt an. Vor allem US-Amerikaner finden hier ihr »Good Old Europe« und haben Bellagio sogar in Las Vegas nachgebaut.

Edle Hotels mit nostalgischem Ambiente, Traditionscafés und Restaurants mit lauschigen Seeterrassen reihen sich an der Promenade. Dahinter steigen enge Treppengassen zum Zentrum hinauf, wo man an der Piazza della Chiesa die romanische **Basilika San Giacomo** besuchen kann, die in ihren Apsiden schöne, allerdings moderne Mosaiken auf Goldgrund besitzt. Oberhalb der Piazza erstreckt sich der große Garten der **Villa Serbelloni**, der besichtigt werden kann.

Südlich der Uferstraße mit den Hotels schließt sich eine wunderbare Promenade an, wo man zwischen Rosenbeeten und üppigen Oleanderbäumen lustwandeln kann. Danach folgt die **Villa Melzi**, ehemals Sommerresidenz des Vizepräsidenten der von Napoleon Bonaparte errichteten italienischen Republik (1802–1805). Sie ist von einer großzügigen Gartenanlage mit Azaleen, Riesenalpenrosen, Teichen und Statuen umgeben.

Ein sehr reizvoller Ausflug führt zur Wallfahrtskirche **Madonna di Ghisallo** auf der steilen Passhöhe vor Magreglio, etwa 15 Kilometer südlich von Bellágio. Seit 1949 ist die Kirche der Schutzhelferin der Radfahrer geweiht, das Innere zieren Räder, Trikots und Trophäen von Rennsportgrößen.

Bellagio am Comer See: seit dem 19. Jahrhundert ist der Ort als Urlaubsziel in aller Welt beliebt

Tourist Information ➡ C6
Piazza della Chiesa 14
22021 Bellagio
✆ 031 95 15 55
www.bellagiolakecomo.com

Villa Melzi ➡ C6
Lungo Lario Manzoni, Bellagio
✆ 031 95 03 18
www.giardinidivillamelzi.it
Neoklassizistische Villa (nicht zugänglich) mit weitläufigem Garten direkt am Seeufer. Einige Zimmer in der Nähe zu vermieten.

Villa Serbelloni ➡ C6
Via Teresio Olivelli, Bellagio
✆ 031 95 02 16 (Hotel)
Führungen durch den Garten (ca. 90 Min.), Treffpunkt Piazza della Chiesa
Die Villa beherbergt ein traditionsreiches Grand Hotel, der Park ist Eigentum der Rockefeller-Stiftung.

Skulpturenschmuck der Villa Melzi in Bellagio am Comer See

Hotel/Restaurant Silvio
➡ C6
Via Carcano 10–12
Loppia (südwestl. von Bellagio)
✆ 031 95 03 22
www.bellagiosilvio.com
Fischrestaurant mit herrlichem Seeblick, seit Generationen im Besitz einer ehemaligen Fischerfamilie. €€

Ristorante La Pergola
➡ C6
Piazza del Porto 4
Pescallo (gleich bei Bellagio)
✆ 031 95 02 63
www.lapergolabellagio.it
Uriges 500-jähriges Haus mit idyllischer Terrasse direkt am See, spezialisiert auf Fisch. €€

Enoteca Cava Turacciolo
➡ C6
Salita Genazzini 3, Bellagio
✆ 031 95 09 75
www.cavaturacciolo.it
Gemütlicher Weinkeller mit hervorragenden Tropfen und frisch zubereiteten kalten Platten.

Sagra di San Giovanni Battista (Johannes der Täufer) ➡ C6
Eins der größten Feste am See (vgl. auch Isola Comacina), mit Fackelumzug, Musik, Tanz und Gastronomie. Begangen wird das Fest normalerweise am Wochenende, das am nächsten zum 24. Juni liegt.

Bellano ➡ C7

Die sympathische Kleinstadt am nördlichen Ostufer besitzt eine Uferpromenade mit Kastanienbäumen, dahinter liegt die verwinkelte Altstadt. Von der Kirche **Santi Nazaro e Celso** kommt man zur größten Sehenswürdigkeit, dem **L'Orrido**, einem mächtigen Wasserfall, der in einem dicken Strahl gleich hinter dem Ortskern aus dem Fels bricht und in einem tief eingeschnittenen Flussbett in Richtung See strömt.

Vom Wasserfall kann man noch ein Stück weiter zum Friedhof hoch über der Stadt hinaufsteigen und dort den traumhaften Blick auf den See genießen. Der Aufstieg lohnt sich.

L'Orrido ➡ C7
Bellano
Der Besuch dieser engen Schlucht über das System von Stegen ist ein echtes Highlight.

Vom Garten des Klosters Abbazia di Piona bei Colico hat man eine wunderbare Aussicht auf den Comer See

Cavallo Bianco ➡ C7
Via Vittorio Veneto 29
Bellano
✆ 03 41 81 03 07
Hier isst man in zentraler Lage direkt am See gut und reichhaltig. €€

Colico ➡ B7

Der offen und luftig gebaute Ort bei der Mündung des Flusses Adda ist die nördlichste Endstation der Seeschifffahrt. Wer hier von Norden auf den Comer See trifft, erblickt erstmals das mächtige Seepanorama in voller Schönheit. Vor allem bei sportlichen Naturen ist diese Ecke des Sees beliebt. Surfer liegen auf der Lauer nach dem regelmäßig wehenden Südwind Beva und vom Monte Legnone (2609 m) starten Paraglider zu ihrem Flug.

Nördlich erstreckt sich der baumreiche **Pian di Spagna** ➡ B7, eines der letzten Sumpfgebiete Italiens, Schutzgebiet für Zugvögel und einheimische Wasservögel. Beschildert ist von Colico aus der Weg zum **Forte Montecchio** ➡ B7, das noch vor dem Ersten Weltkrieg errichtet wurde und dessen Kanonen eine Reichweite von 14 Kilometern hatten. Wenige Kilometer sind es von Colico nach Süden zur dicht bewaldeten **Halbinsel von Piona** ➡ B7, die hier eine natürliche Bucht bildet, den **Laghetto di Piona** mit langem, für Kinder geeigneten Badestrand (etwa 30 Fußminuten ab Colico). Am Nordende der Halbinsel steht die **Abbazia di Piona** ➡ B7 aus dem 13. Jahrhundert. Nach der Auflösung des Klosters unter Napoleon war es über ein Jahrhundert verlassen und wird seit einigen Jahrzehnten wieder von Zisterziensern geführt. Das Anwesen ist gut restauriert und ein populäres Ausflugsziel, schön ist von hier aus der Blick auf den See.

Abbazia di Piona ➡ B7
Via Abbazia di Piona 55
Olgiasca
✆ 03 41 94 03 31
In der Grotta di Lourdes im Garten wird die Muttergottes verehrt. Die Mönche verkaufen

selbst gebrannte Kräuterliköre, Tees, antirheumatische Öle etc.

Forte Montecchio ➡ B7
Via alle Torri 8, Colico
✆ 03 41 94 03 22
www.fortemontecchionord.it
Führung zu jeder vollen Std. (Dauer 50 Min.)
1911–14 erbaute Festung. Beeindruckend sind die vier drehbaren Kanonen.

Como ➡ E6

Die wohlhabende Provinzhauptstadt am Südende des Sees besitzt ein elegantes historisches Zentrum, das in seiner durchgängig rechtwinkligen Anlage auf die Struktur des alten römischen Municipio zurückgeht. Die meisten der Pflastergassen sind Fußgängerzonen, sodass es sich in Ruhe bummeln und shoppen lässt. Reste der mittelalterlichen Stadtmauer sind noch entlang der Piazza del Popolo und dem Viale Lecco erhalten, der einzige erhaltene Torturm steht an der Landseite der Altstadt. Die Seefront wird von einer langen, baumbestandenen Promenade begleitet, in deren Mittelpunkt die großzügige **Piazza Cavour** ➡ bA2 liegt.

In den Randgebieten hat sich viel Industrie angesiedelt. Vor allem die **Seiden- und Kunstseidenfabrikation** spielt traditionell eine große Rolle, denn Como war seit dem 15. Jahrhundert ein bedeutender Standort der Seidenraupenzucht und ist heute das wichtigste europäische Zentrum für die Verarbeitung importierter Seide. In Outlets kann man vor allem Seidentücher und -krawatten erwerben.

Der Dom **Santa Maria Maggiore** ➡ bA2, der zu den wichtigsten Kirchen Oberitaliens zählt, steht höchst imposant an einem weiten, offenen Platz und bietet eine gelungene Mischung aus Gotik- und Renaissanceelementen. Die spitze Kuppel von Filippo Juvarra wirkt erstaunlich hoch, auffallend sind auch die vielen farbigen Fenster, vor allem die prächtige Rosette und die hohen Glasfenster in der Front sowie die kleinen, leuchtenden Fenster hinter dem Altar.

Der **Broletto** ➡ bA2, das ehemalige Rathaus, ist an den Dom angebaut und besitzt eine romanische Loggia im Zebramuster. Ein Stück landeinwärts findet man die kleine lombardische **Basilika San Fedele** ➡ bA2 an einem beschaulichen Platz mit schattigen Arkaden und jahrhundertealten Häusern. Außerhalb des alten Zentrums steht die große **Basilika Sant'Abbondio** ➡ bB1/2 mit ihren zwei Glockentürmen. Sie gilt als eins der bedeutendsten Werke der lombardischen Romanik.

Direkt am See steht der **Tempio Voltiano** ➡ bA1/2, ein architektonisch auffallender Erinnerungsbau, gewidmet dem einheimischen Physiker Alessandro Volta, der als Entdecker der Batterie in die Geschichte einging. Wenn

Der Dom Santa Maria Maggiore in Como

man hier am See nach Westen weitergeht, kommt man zur großen, klassizistischen **Villa Olmo** ➡ nördl. bA1, die seit 1927 als Kongress- und Ausstellungszentrum genutzt wird und seit Kurzem für die Öffentlichkeit zugänglich ist. Zwischen Palast und See liegt ein italienischer Park mit Skulpturen, hinter dem Haus ein Garten im englischen Stil. Weltbekannt ist das nahe **Cernobbio** ➡ D6 wegen seines legendären **Grand Hotel Villa d'Este**, eines der großen Luxushotels Italiens.

Schließlich: Como und der See von oben – am besten kann man das von **Brunate** ➡ D6 aus erleben. Der kleine Ort liegt 716 Meter über Como und ist mit einer hundert Jahre alten Standseilbahn zu erreichen.

Tourist Information ➡ bA2
Via Albertolli 7, 22100 Como
✆ 031 26 97 12
www.lakecomo.is

Museo della Seta (Seidenmuseum) ➡ östl. bB2
Via Castelnuovo 9 (südl. vom Zentrum), Como
✆ 031 30 31 80
www.museosetacomo.com
Originalgeräte in einer ehemaligen Seidenspinnerei.

Tempio Voltiano ➡ bA1/2
Viale Marconi, Como
✆ 031 57 47 05
Hunderte von Ausstellungsstücken erinnern an einen der führenden Wegbereiter der Elektrizität, den Comer Alessandro Volta.

Dom ➡ bA2
Piazza del Duomo, Como
Zu den bedeutendsten Kunstwerken zählen die Gemälde der Seitenaltäre, darunter »Anbetung der Heiligen Drei Könige« und »Heiliger Hieronymus von Luini« sowie »Flucht nach Ägypten« und »Vermählung der Heiligen Jungfrau« von Gaudenzio Ferrari.

Villa Olmo ➡ nördl. bA1
Via Simone Cantoni 1, Como
✆ 031 25 25 53
www.villaolmocomo.it
Die Räume der klassizistischen Villa sind weitgehend leer, aber mit Stuck, Gold, Fresken und Gemälden ausgestattet, auch ein

Napoleon weilte einst hier: Villa Olmo in Como

kleines Theater mit 92 Plätzen gibt es. Die große Sala del Duca kann ebenfalls besichtigt werden.

Rino ➡ bA2
Via Vitani 3, Como
✆ 037 56 87 28 41
Kleines, rustikales Ristorante im Zentrum, seit Jahrzehnten familiär geführt, sehr gute Fleischgerichte, teils toskanischer Art. €€–€€€

Ristorante Sociale ➡ bA2
Via Rodari 6, Como
✆ 031 26 40 42
www.ristorantesociale.it
Gemütlich speisen in einem historischen Palazzo nahe beim Dom, im Sommer auch im Innenhof. €€–€€€

Ausflugsziele:

Funicolare Como–Brunate
➡ D/E6
Talstation in Como, an der Ostseite des Seeufers
www.funicolarecomo.it
Von oben toller Blick auf Como.

FoxTown ➡ D5
Via Angelo Maspoli 18
CH-Mendrisio
✆ +41 (0)8 48 82 88 88
www.foxtown.com
Großes Designer Outlet im nahen Mendrisio (Schweiz), über 100 Shops, darunter einer vom bekannten Seideproduzenten Mantero.

Domaso ➡ B7

Das Dorf im Nordosten des Comer Sees ist ein Dorado der Windsurfer. Hier weichen die Berge weit vom See zurück und lassen dem Südwind Breva und dem nördlichen Föhnwind Tivano ein üppiges Betätigungsfeld. Die Wassersportler treffen sich am langen Strand nördlich der Mündung des Flusses Livo, zwei Surfcenter bieten dort

Windsurfer nahe Domaso

Equipment und Lektionen, dahinter liegen ein Dutzend Campingplätze dicht an dicht. Erfahrene Windsurfer können bei Nordwind versuchen, die Halbinsel Piona am anderen Seeufer mit dem großen gleichnamigen Kloster zu erreichen. Bei Südwind kann man bequem zurücksurfen.

Tourist Information ➡ B7
Via Garibaldi 69 (Holzkiosk beim Parkplatz an der Durchgangsstraße)
22013 Domaso
✆ 037 55 23 69 12
www.northlakecomo.net

Dei Pescatori ➡ B7
Via Case Sparse 219
Domaso
✆ 034 49 60 88
ristorantepescatori.com
Beliebtes Fischlokal am nördlichen Ortsausgang mit großer Terrasse am See und herrlichem Blick. €€

Die grüne Isola Comacina inmitten des Comer Sees

Wassersportcenter Domaso
➡ B7
Via Case Sparse 24 (vor Camping Paradiso am Strand)
Domaso
✆ 038 07 00 00 10
www.wsc-domaso.com
Die Schweizer Isabel und Ralf Hartmann bieten alles zum Surfen, Paddeln und Segeln, im Juli/Aug. mit Kinderbetreuung.

Isola Comacina ➡ D/E6

Die einzige Insel im Comer See ist ein kleines, bewaldetes Eiland vor der Westküste, südlich von Tremezzo. Von Sala Comacina pendeln häufig Motorboote hinüber. In den Zeiten der Völkerwanderung war die Insel Rückzugsort vor marodierenden Horden, doch 1169 machte die Stadtrepublik Como die unter Mailänder Einfluss stehende Insel dem Erdboden gleich.

Heute verbergen sich einige Kirchen- und Festungsruinen im dichten Grün. Ein Rundgang dauert etwa eine halbe Stunde, von der Anlegestelle wendet man sich nach links, geht am Wasser entlang und steigt auf zur Nordspitze mit der **Chiesa dei Santi Pietro e Paolo** (16. Jh.). Links dahinter findet man die Grundmauern einer frühchristlichen Kirche, rechts die Überreste der Basilika **Sant'Eufemia** (11. Jh.). Über dem Ostufer läuft der Pfad zurück nach Süden, unterwegs trifft man auf die Reste der Kirche **Santa Maria col Portico** (12. Jh.). Am Restaurant Locanda dell'Isola Comacina vorbei geht es hinunter zur Anlegestelle.

Locanda La Tirlindana
➡ D/E6
Piazza Matteotti 5
Sala Comacina
✆ 034 45 66 37
www.latirlindana.it
Nachdem die legendäre Locanda dell'Isola Comacino schließen musste, ist dies eine gute Alternative auf dem Festland. Küchenchefin Patricia bietet große Genüsse von einer kleinen Karte. €€€

Sagra di San Giovanni Battista ➡ D/E6
Am Samstagabend, der am nächsten zum 24. Juni liegt, gibt es ein großes Feuerwerk, am Sonntag eine Bootsprozession zur Insel, danach Messe und großes Festessen.

Lecco ➡ D7

Neben Como ist Lecco die größte Stadt am Comer See. Die Region ist industriell stark entwickelt, Mailand liegt nah. Das gepflegte Zentrum ist jedoch einen Spaziergang wert und besitzt hinter der langen, baumbestandenen Seepromenade einen großen, schön gestalteten Fußgängerbereich, wo das Shoppen in den vielen gut sortierten Läden Spaß macht.

Besonders hübsch ist die lang gestreckte **Piazza XX Settembre** mit einem breiten Säulengang und mehreren Cafés, mehrmals wöchentlich findet hier ein Markt statt. In der Nähe steht auch der mächtige klassizistische Dom **San Nicolò** mit seinem frei stehenden Rundturm. Literarisch Interessierte besichtigen gern die **Villa Manzoni**, in der der Dichter Alessandro Manzoni (1785–1873) mit seiner Familie wohnte.

Von Malnago, etwa fünf Kilometer östlich vom Stadtzentrum, geht eine Seilbahn auf die **Piani d'Erna**, ein Hochplateau unter den Zinnen des **Monte Resegone**, wo man einen fantastischen Blick auf Stadt, See und Berge genießt. Nördlich von Lecco liegt Abbadia-Lariana mit dem **Civico Museo Setificio Monti** (Seidenmuseum), das in einer ehemaligen Seidenspinnerei untergebracht ist. Noch ein paar Kilometer weiter nördlich ist Mandello del Lario Stammsitz der **Moto-Guzzi-Werke**, die hier schon seit dem Jahr 1921 ihre legendären Motorräder produzieren.

Tourist Information ➡ D7
Piazza XX Settembre 23
23900 Lecco
✆ 03 41 48 14 85
www.leccotourism.it
Hilfsbereiter Service.

Villa Manzoni ➡ D7
Via Guanella 1, Lecco
✆ 03 41 48 12 47
Im Museo Manzoni Erinnerungsstücke an den Dichter, in der Galleria Comunale d'Arte Gemälde und Drucke vom 16. bis zum 20. Jh.

Antica Osteria »Casa di Lucia« ➡ D7
Via Lucia 27 (Ortsteil Acquate, etwa 2 km vom Zentrum), Lecco
✆ 03 41 49 45 94
www.osteriacasadilucia.it
Historische Trattoria mit Außenlaube, Weinkeller und Gerichten lombardischer Tradition. Alessandro Manzoni beschrieb das Haus in seinem Roman »I Promessi Sposi« als Wohnsitz der Romanheldin Lucia.

Gesäumt von Schatten spendenden Bäumen: die Seepromenade in Lecco

Am Westufer des Comer Sees: das idyllische Menaggio

Ausflugsziele:

Civico Museo Setificio Monti ➡ D7
Via Nazionale 107
Abbadia-Lariana
✆ 03 41 70 03 81
www.museoabbadia.it
Prunkstück der Ausstellung ist die größte in Europa erhaltene Zwirnmaschine aus dem Jahr 1818.

Moto-Guzzi-Museum ➡ D7
Via Parodi 57, Mandello del Lario
✆ 03 41 70 92 37
www.motoguzzi.com
Eintritt frei
Im Werksmuseum kommen alle Liebhaber der zweirädrigen Flitzer voll auf ihre Kosten.

Menaggio ➡ C6

Sympathischer und beliebter Urlaubsort am Westufer; die lange Baum- und Blumenpromenade lädt zum Bummeln ein. Es gibt eine nette zentrale Piazza in Seenähe, landeinwärts kommt man durch einige Altstadtgassen zur Pfarrkirche, links davon geht es auf Kieselsteinpflaster hinauf zum **Castello**. Nördlich der Promenade liegt das Strandbad **Lido Giardino** mit einem großen Pool. Im hoch gelegenen Ortsteil **Loveno** gibt es ein Sportzentrum mit Tennisplätzen, auch ein Golfplatz ist in der Nähe zu finden. Folgt man der Straße weiter, erreicht man in einer knappen halben Stunde den nahen **Luganer See**.

Tourist Information ➡ C6
Piazza Garibaldi 3 (nur wenige Schritte hinter der Promenade)
22017 Menaggio
✆ 03 44 329 24
www.menaggio.com
Auskünfte auf Deutsch.

Osteria Il Pozzo ➡ C6
Piazza Garibaldi, Menaggio
✆ 03 44 323 33
www.osteriailpozzo.it
Beliebte Adresse mit guter Fischküche, auch Spezialitäten aus den Regionen Friaul und Piemont werden serviert. €€

Tremezzo ➡ C6
Tremezzo ist Mittelpunkt der sogenannten Riviera Tremezzina, die sich am Westufer von Cadenabbia bis Lenno erstreckt. Hier im klimatisch wärmsten Gebiet des Sees wurden im 17. und 18. Jahrhundert zahlreiche Villen und Paläste erbaut, viele besitzen prächtige Gärten und Parkanlagen mit üppiger Vegetation, nicht wenige haben eigene Anlegestellen.

Als einzige kann die **Villa Carlotta** besichtigt werden, die etwas nördlich vom Ort direkt an der Uferstraße steht. Das klassizistische Herrschaftshaus vom Ende des 17. Jahrhunderts wurde von einem Mailänder Bankier erbaut und war später lange im Besitz der Prinzessin Charlotte aus Preußen. In den Innenräumen finden sich u. a. prächtige Marmorskulpturen, die zum Teil von den berühmten Bildhauern Canova und Thorvaldsen stammen. Mindestens so eindrucksvoll ist danach ein Spaziergang durch den weitläufigen Botanischen Park der Villa.

Der ruhige Ort **Lenno** ➡ C6 liegt am Fuß der bewaldeten Halbinsel Lavedo Balbianello. Sehenswert ist die ausgemalte Pfarrkirche mit ihrem romanischen Baptisterium. An der Spitze der Halbinsel steht die berühmte **Villa del Balbianello** ➡ C/D6 aus dem 18. Jahrhundert mit herrlichem Terrassengarten und reichhaltiger Inneneinrichtung. 2005 drehte George Lucas an diesem idyllischen Ort Szenen für den Kultfilm »Star Wars: Episode II«. Man kann sich per Taxiboot hinbringen lassen oder durch den Wald laufen, vom Kirchplatz in Lenno sind es etwa 800 Meter.

In Mezzegra, etwas südlich von Tremezzo, zweigt eine schmale Straße in den Weiler **Giulino di Mezzegra** ab. Nach ca. 300 Metern erblickt man rechts der Straße ein Kreuz und einige Fotos. Hier, meinte man, seien Benito Mussolini (61) und seine Geliebte Claretta Petacci (33) am Nachmittag des 28. April 1945 von Partisanen erschossen worden. Diese Darstellung wurde mittlerweile als Legende entlarvt; wahrscheinlich wurde der Duce von einem führenden Politiker der Kommunistischen Partei Italiens (KPI) bereits vormittags bei einem nahen Bauernhaus erschossen.

Villa Carlotta ➡ C6
Via Regina 2
Tremezzo
✆ 03 44 404 05
www.villacarlotta.it
Beeindruckende Villa aus dem 17. Jh. mit artenreichem Garten.

Der besondere Charme des Comer Sees: die Villen und ihre Gärten am Ufer

Villa del Balbianello

Villa del Balbianello
➡ C/D6
Via Guido Monzino 1
Tremezzina
✆ 03 44 561 10
www.fondoambiente.it/luoghi/villa-del-balbianello
Wassertaxi ✆ 33 34 10 38 54
www.taxiboat.net

Prächtige Kardinalsvilla am Ufer des Comer Sees. Bekannt aus Filmen, u. a. »James Bond 007: Casino Royale«.

Hotel Ristorante Rusall
➡ C6
Via S. Martino 2
Tremezzo
✆ 03 44 404 08
www.rusallhotel.com
Hoch über Tremezzo speisen, sehr ruhig, großartiger Seeblick, ordentliche Portionen. €€

Plinio ➡ C6
Viale C. Lomazzi 1
Lenno
✆ 03 44 551 58
www.hotelpliniolenno.it
Einladendes Lokal direkt an der Uferpromenade, schöner Blick und gute Küche. €€

5 Varenna ➡ C7

Das kleine Örtchen in der Seemitte hat vieles von dem, was den Reiz der Oberitalienischen Seen ausmacht: alte Villen zwischen üp-

Idyllisches Fischerörtchen am Lago di Como: Varenna

pigen Zypressen, autofreie Gässchen, fröhlich bunt gestrichene Häuser, herrlichen Seeblick – und Ruhe. Nur im Hochsommer kommen deutlich mehr Tagesbesucher hierher.

Oberhalb der Piazza an der Durchgangsstraße steht die Pfarrkirche **San Giorgio** aus dem 12. Jahrhundert mit Überresten von Fresken. Nur wenige Schritte entfernt kommt man zur Eingangsloggia der **Villa Monastero** ➡ C7, einem früheren Zisterzienserkloster direkt am See, umgeben von einem großen Garten voll üppiger Vegetation. Das Kloster wurde im 16. Jh. aufgelöst und danach von wechselnden Besitzern zur dekorativen Villa umgebaut. Mit ihrer prachtvollen Einrichtung kann sie an ausgewählten Tagen besichtigt werden.

Ein Logenplatz in strategischer Lage ist das **Castello di Vezio** oberhalb des gleichnamigen Örtchens hoch über Varenna. Erhalten sind ein Mauerviereck und ein Turm, von dem man einen phänomenalen Blick genießt. Außerdem kann man die unterirdischen Gewölbe (im Ersten Weltkrieg als Bunker genutzt) ansehen und dem Falkner bei der Arbeit zuschauen.

Fiumelatte, der »Milchfluss«, überquert zwei Kilometer südlich von Varenna die Uferstraße. Seine weiße Farbe hat er vom Kalkgestein aus dem Berg. Mit nur 250 Metern gilt er als kürzester Fluss Italiens.

Tourist Information ➡ C7
Via IV Novembre 7
23829 Varenna
✆ 03 41 83 03 67
www.varennaturismo.com
Infos und Broschüren.

Villa Monastero ➡ C7
Via Giovanni Polvani 4
Varenna
✆ 03 41 29 54 50
www.villamonastero.eu

Prunkvolle Einrichtung in der Villa Monastero in Varenna

Das ehemalige Zisterzienserkloster wurde von wechselnden Besitzern zur prächtigen Villa umgebaut, der Park gehört zu den schönsten am Comer See.

La Vista ➡ C7
Via XX Settembre 35
Varenna
✆ 03 41 83 02 98
www.albergomilanovarenna.com
Das Restaurant des Hotels Milano besitzt eine herrliche Terrasse über dem See. €€€

Ausflugsziel:

Castello di Vezio ➡ C7
Via Del Castellano
Perledo Vezio
✆ 033 344 8 59 75
www.castellodivezio.it
Mittelalterliche Burg mit Falknerei und Geheimgängen, die man besichtigen darf. Gelegentlich Flugshows des Falkners.

Lago di Lugano (Luganer See)

Verwinkelt und buchtenreich windet sich der Luganer See ➡ C/D5/6 – in Italien nach seinem lateinischen Ursprung »Ceresio« genannt – zwischen den waldreichen Hängen im Grenzgebiet von Tessin und Lombardei. Der größte und attraktivste Teil liegt auf Schweizer Gebiet, nur der östliche Seearm ragt weit in lombardisches Gebiet hinein. Die wohlhabende Stadt **Lugano** ➡ C5 und die weit nach Süden vorstoßende Landzunge **Ceresio** ➡ C/D5 mit Hermann Hesses Wohnort **Montagnola**, dem Freizeitpark **Swiss Miniatur** bei Melide und dem malerischen Ort **Morcote** mit dem berühmten Gartenparadies **Parco Scherrer** zählen zu den größten Anziehungspunkten.

Außerhalb dieser zentralen Region finden sich nur wenige Höhepunkte, sodass der Tourismus sich dort eher zögerlich entwickelt und sich mangels wirtschaftlicher Alternativen die Landflucht zunehmend bemerkbar macht. Wegen der häufig auftretenden Steilufer gibt es auch keine durchgängig befahrbare Uferstraße, doch die Seeschifffahrt bietet hier eine durchaus reizvolle Alternative.

Beliebt für seine Fresken: Santa Maria dei Ghirli

Campione d'Italia ➡ C5

Die italienische Enklave am Schweizer Ufer des Luganer Sees ist nur wenige Quadratkilometer groß und gehörte fast 1000 Jahre lang dem Kloster von Sant' Ambrogio in Mailand. Mitten im Ersten Weltkrieg wurde hier das Spielkasino **Casinò Municipale** gegründet, um ausländische Diplomaten anzulocken und womöglich auszuhorchen. Im Jahr 2007 zog das Kasino in ein imposantes zehnstöckiges Gebäude in Form einer gewaltigen Stimmgabel. Europas größtes Kasino musste im Juli 2018 wegen Konkurs schließen, konnte aber Anfang 2022 in etwas verschlankter Form wiedereröffnen – ein Segen für die kleine Gemeinde, die von den Einnahmen aus dem Spielbetrieb wirtschaftlich abhängig ist.

Seit Januar 2020 gehört die Gemeinde auch zum Zollgebiet der EU statt zu dem der Schweiz. Wer aus Italien kommt, sollte die Autobahn meiden, denn auch für dieses kurze Stück ist eine Vignette zu lösen. Zu empfehlen ist der Besuch der Wallfahrtskirche Santa Maria dei Ghirli im Süden von Campione auf einer Terrasse am Seeufer.

Santa Maria dei Ghirli ➡ C5
Viale Marco da Campione 48
Campione d'Italia
✆ 091 649 84 48
Das Wallfahrtsziel zu Ehren der Madonna von Ghirli ist wegen gut erhaltener Fresken aus dem Mittelalter sehenswert.

Halbinsel Ceresio ➡ C/D5

Die üppig grüne und waldreiche Halbinsel, die südwestlich von Lugano wie ein Keil tief in den See greift, gehört zu den schönsten Landschaften im Tessin – jedoch

Parco Scherrer in Morcote: Der Textilhändler und Kunstliebhaber Arturo Scherrer ließ den üppigen Garten in den 1930er Jahren anlegen

wird sie von einer Autobahntrasse durchschnitten, die von Melide auf einem breiten Damm hinüber nach Bissone führt und den zügigen Transfer von Lugano nach Chiasso und Como gewährleistet. Der heftige Autoverkehr beeinträchtigt den Freizeitwert des Ceresio, Hermann Hesse würde heute sein Domizil vielleicht nicht mehr hier wählen. 1919 jedoch bezog er einige Zimmer in der Casa Camuzzi im Örtchen **Montagnola** ➡ C5 – »ein kleines verschlafenes Dorf inmitten von Rebbergen und Kastanienwäldern« – im nordwestlichen Teil der Halbinsel, später die komfortablere, neu erbaute Casa Rossa. 43 Jahre lebte er hier bis zu seinem Tod 1962 und schrieb seine bekanntesten Werke.

Die **Casa Camuzzi**, ein eigenartiger, barock anmutender Palazzo, wurde in den 1990er Jahren zum liebevoll gepflegten Museum ausgebaut. Den Spuren Hesses kann man im ganzen Ort und in der Umgebung folgen, sein Grab findet man auf dem Friedhof des benachbarten **Gentilino**.

Der Luftkurort Melide liegt an der Ostseite der Halbinsel am Fuß des Damms nach Bissone. Hier trifft man vor allem Familien mit Kindern an, denn mit **Swiss Miniatur** ➡ D5 gibt es bereits seit 1959 eine Attraktion, die Jung und Alt Freude bereitet. Die berühmte, 777 Meter lange und 1848 erbaute **Dammbrücke** über den See wird täglich von Zehntausenden von Autos befahren, kann aber auch zu Fuß begangen werden. Den besten Überblick hat man vom Dorf **Carona** ➡ D5.

Morcote ➡ D5 im Südzipfel der Halbinsel ist ein obligatorischer Stopp für alle Tessinurlauber, sodass man am besten mit Bus oder Schiff anreist, da Parkplätze äußerst rar sind. Nach einem Bummel durch den Ortskern des einstigen Fischerdorfs mit seinen malerischen Palazzi und alten Stadthäusern besucht man in der Nähe des Hafens den exotischen **Parco Scherrer** mit zahlreichen Kunstwerken und Plastiken inmitten enormer Pflanzenvielfalt, angelegt Anfang der 1930er Jahre vom Schweizer Kaufmann Arthur Scherrer.

Museo Hermann Hesse ➡ C5
Torre Camuzzi, Ra Cürta
CH-Montagnola
✆ 091 993 37 70
www.hessemontagnola.ch

Museo Hermann Hesse im Torre Camuzzi: Hier lebte der Schriftsteller zwölf Jahre lang

Zu sehen sind Erinnerungsstücke, persönliche Habseligkeiten, Zeichnungen und Briefe des Autors, dazu finden gelegentlich Lesungen aus Werken und geführte Wanderungen statt.

Parco Scherrer ➡ D5
Riva di Pilastri 20
CH-Morcote
✆ 091 986 00 00, www.visitmorcote.ch/Parco-Scherrer
Ein Freilichtmuseum der Weltkultur, von chinesischen Pagoden bis zu indischen, griechischen und ägyptischen Tempeln, das alles eingebettet in einen blühenden Märchenwald.

Swiss Miniatur
➡ D5
CH-Melide
✆ 091 640 10 60
www.swissminiatur.ch
Auf 11 000 m^2 Fläche sind die schönsten Sehenswürdigkeiten und Landschaftsbilder der Schweiz im Kleinformat (1:25) zu betrachten. Eine Modellbahn fährt über Kilometer hinweg unermüdlich durch den Park, dazu Schiffe, Zahnrad-, Drahtseil- und Schwebebahnen.

Grotto del Parco ➡ D5
Parco Scherrer
Riva di Pilastri 24
Morcote
✆ 091 996 22 07
www.grottodelparco.ch
Schattige Terrasse am Ausgang des Parco Scherrer, entspannende Pause unter alten Bäumen, viel frischer Fisch. €€€

Lugano ➡ C5

»Heimliche Hauptstadt des Tessin«, so wird sie gern genannt, die pittoresk am See gelegene Stadt zwischen den beiden Hausbergen Monte San Salvatore und Monte Bré. Im schönen, für den Autoverkehr gänzlich gesperrten alten Zentrum gibt es viel zu sehen, doch in den Außenbezirken sind überall neue, nicht immer reizvolle Wohnviertel entstanden, drängen Zweitwohnungsbesitzer an den Logenplatz am See. Das große Geld zirkuliert hier, Lugano ist der drittgrößte Bankenplatz der Schweiz, dessen Diskretion vor allem ausländische Anleger anlockt. Die Stadt ist aber auch die Medienzentrale des Tessin und Sitz der einzigen Universität.

Mittelpunkt und Ausgangspunkt für eine Stadtbesichtigung ist die **Piazza della Riforma** ➡ eB1 mit ihren Cafés, noblen alten Hausfassaden, dem täglichen Markt und dem Rathaus aus dem 19. Jahrhundert. Die Via Nassa führt in Richtung Süden zur wichtigsten Kirche Luganos, **Santa Maria degli Angioli** ➡ eB1, die nicht wegen ihrer baulichen Extravaganzen, sondern vor allem wegen eines bedeutenden Kunstwerks aufgesucht wird, der »Passion Christi« des Leonardo-Schülers Bernardino Luini am Lettner (1529).

Nicht weit entfernt befindet sich ein erst 2015 eröffnetes Highlight Luganos, das avantgardistische **Museo d'Arte della Svizzera**

italiana (MASILugano) ➡ eB1, im hochmodernen LAC-Gebäude (Lugano Arte e Cultura) an der zum See hin offenen Piazza Bernardino Luini. Übrigens: Das MASI hat noch einen zweiten Standort im Palazzo Reali an der Via Canova. Nur wenige Schritte sind es vom LAC-Gebäude zur gediegenen Seepromenade des **Giardino Belvedere** ➡ eB1 mit herrlichem Seeblick, subtropischen Pflanzen und modernen Skulpturen. Im weitläufigen **Parco Civico** ➡ eA2, der ebenfalls direkt am See liegt, kann man schließlich ausruhen.

Eine willkommene Abwechslung bietet im weiter südlich gelegenen Ortsteil Paradiso die Standseilbahn zur Aussichtsplattform am **Monte San Salvatore**. Man kann dort den umfassenden Blick genießen – bei klarer Sicht sogar bis zur Poebene – und das ein Stück weiter oben gelegene Lokal mit Panoramaterrasse aufsuchen.

Der beliebteste Hausberg Luganos ist der **Monte Brè** mit dem gleichnamigen Dorf. Man erreicht ihn in einer knappen halben Stunde mit dem Funicolare vom Ortsteil **Cassarate** ➡ eA3 aus und kann von oben die Berner und Walliser Alpen sehen. Unten an den Hängen des Bergs liegt der Nobelvorort **Castagnola** ➡ eB4 mit zahlreichen palastähnlichen Villen, darunter die prachtvolle **Villa Favorita** des rheinischen Stahlbarons Thyssen-Bornemisza mit 600 Metern Küstenlinie (die früher hier untergebrachte Kunstsammlung des Barons ist in Madrid zu besichtigen).

Wer nun noch Kraft und Zeit hat, sollte die schöne Wanderung am Ufer entlang ins pittoreske Vorzeigedorf **Gandria** ➡ östl. eB4 nicht versäumen, denn hier sind die Seeimpressionen besonders nachhaltig, zurück kann man dann mit dem Schiff fahren.

ℹ **Tourist Information** ➡ eA1
Palazzo Civico (Rathaus)
Piazza della Riforma 1
CH-6900 Lugano
✆ 058 220 65 06
www.luganoregion.com

Schmucke Häuserfassaden an der Piazza della Riforma in Lugano: der Wohlstand des drittgrößten Finanzplatzes der Schweiz ist spürbar

TTL Trenino Turistico Lugano SA ➡ eB1
Abfahrt Piazza Manzoni, Lugano
✆ 079 685 70 70
trenino-turistico-lugano.business.site
Das Touristenzüglein »La Freccia rossa« (Roter Pfeil) macht in der Saison tagsüber alle 30 Min. Rundfahrten (40 Min.) durch Lugano und entlang der Bucht, inklusive der Seilbahnen auf Monte Brè und San Salvatore.

MASILugano ➡ eB1
LAC: Piazza Bernardino Luini 6
Palazzo Reale: Via Canova 10
Lugano
✆ 058 866 42 40
www.masilugano.ch
Sammlung, die das Schweizer Kunstschaffen vom Ende des 15. Jh. bis in die Gegenwart dokumentiert, wobei auch die internationalen Beziehungen eine Rolle spielen. Wechselausstellungen.

Museo Cantonale di Storia Naturale ➡ eA/eB2
Viale Cattaneo 4 (im Parco Civico am Seeufer), Lugano
✆ 091 815 47 61, www4.ti.ch/dt/da/mcsn/temi/mcsn/tema/tema
Eintritt frei
Ca. 200 000 Fundstücke aus Geologie, Mineralogie, Paläontologie (Fossilien), Botanik und Zoologie, meist aus dem Tessin.

Museo delle Culture
➡ südl. eB1
Villa Malpensata
Riva Antonio Caccia 5, Lugano
✆ 058 866 69 60
www.musec.ch
Faszinierende Sammlung außereuropäischer Kultur aus Ozeanien, Afrika und Indonesien.

Antica Osteria del Porto
➡ C5
Via alla Foce 9
Lugano
✆ 091 971 42 00
anticaosteriadelporto.ch
Schöne Lage am Bootshafen an der Cassarate-Mündung, Terrasse unter Kastanienbäumen, kinderfreundlich, leckere Küche. €€

La Tinera ➡ eA/eB1
Via dei Gorini 2
Lugano
✆ 091 923 52 19
tineralugano.business.site
Kellerlokal mit schönem Ambiente, authentische Tessiner Küche zu angemessenen Preisen. €€

Das Kunstmuseum der italienischen Schweiz – das MASILugano LAC

Die Zahnradbahn fährt neunmal am Tag hinauf zum Monte Generoso

Mendrisio ➡ D5
Die Südspitze des Tessin um den südlichen Ausläufer des Luganer Sees ist zum einem von Autobahn und Bahnlinie geprägt, zum anderen findet man hier hochkarätige Kunstwerke und den Monte Generoso mit der höchsten Aussichtsplattform des Tessin.

In Riva San Vitale am westlichen Ufer steht mit **Santa Croce** eine der schönsten Renaissancekirchen der Schweiz, weithin sind ihre Kuppel und ihr Glockenturm sichtbar. Das **Baptisterium San Giovanni** im Hof der Pfarrkirche San Vitale gilt dagegen als ältester Sakralbau der Schweiz. **Meride** ➡ D5 liegt nicht direkt am See, ist aber wegen seiner wunderbar erhaltenen mittelalterlichen Bausubstanz einen Abstecher wert.

Auf den **Monte Generoso** (1701 m) ➡ D5, der das östliche Ufer dominiert, kann man von Capolago aus mit der bereits Ende des 19. Jahrhunderts erbauten Zahnradbahn hinauffahren, eine erlebnisreiche Fahrt von ca. neun Kilometern Länge. Die Bergstation Vetta liegt in 1600 Metern Höhe, dort genießt man einen der großartigsten Rundblicke im Tessin – über den See und die Ceresio-Halbinsel, weit in die Alpen und über die Poebene bis Mailand.

2016 wurde das Gebäude an der Bergspitze nach Plänen des Stararchitekten Mario Botta grundlegend umgebaut. Der neue vierstöckige Komplex erinnert an eine Blume aus Stein mit acht geschlossenen Blütenblättern. Im dritten Stock wurde ein Bistro mit Terrasse eingerichtet, darüber ein Panoramarestaurant mit Glasumwandung. Weiterhin gibt es hier oben eine Sternwarte (für Gruppen nach Voranmeldung), einen Spielplatz und natürlich unbegrenzte Spazier- und Wandermöglichkeiten.

Monte Generoso
➡ D5
Ferrovia Monte Generoso SA
Via Lüera 1, CH-6825 Capolago
✆ 091 630 51 11
www.montegeneroso.ch
Die Zahnrad-Dampflok fährt mehrmals täglich auf den Berg, Zwischenstopp in Bellavista, einfache Fahrt 40 Min.

Lago Maggiore

Der westlichste der drei großen italienischen Alpenseen ➡ B4–E3 ist 66 Kilometer lang und durchschnittlich vier Kilometer breit, nur im Boromäischen Golf in der Seemitte dehnt er sich bis zu zwölf Kilometer. In Italien wird er – nach seinem früheren lateinischen Namen »Lacus Verbanus« – Verbano genannt, der etwas herbe deutschsprachige Begriff »Langensee« hat sich glücklicherweise nie durchgesetzt.

Der nördlichste Bereich – etwa ein Sechstel vom gesamten See – gehört noch zum Schweizer Tessin und ist mit seiner üppigen Vegetation, den gepflegten Uferpromenaden und den zwei weltberühmten Urlaubsorten **Locarno** ➡ B4 und ⑥ **Ascona** ➡ B4 einen ausgedehnten Ausflug über die Grenze wert (Ausweis mitnehmen).

Der **Monte Verità** ➡ B4, Anfang des 20. Jahrhunderts Refugium für Aussteiger, Weltverbesserer und Utopisten, sowie die **Isole di Brissago** ➡ B4 mit ihrem berühmten Botanischen Garten sind weitere lohnende Anlaufpunkte. Hier in der sogenannten Sonnenecke der Schweiz spricht man italienisch und auch die Atmosphäre zeigt sich durchaus italienisch lässig.

Das sich südlich anschließende Westufer gehört zur Region Piemont. Schon bald stößt man hier auf den attraktiven Badeort ⑦ **Cannobio** ➡ C4. In der Seemitte prangt herrliche subtropische Vegetation mit Palmen und üppigen Parkanlagen, darunter die wunderbaren ⑩ **Giardini Botanici di Villa Taranto** ➡ D3 in Verbania, davor ruhen wie in einem Gemälde die ⑧ **Borromäischen Inseln** ➡ D3, von denen die weltberühmte **Isola Bella** im 17. Jahrhundert zu einer fast märchenhaft anmutenden Palastinsel gestaltet wurde. Der kleine Ort **Stresa** ➡ D3 entwickelte sich schon vor über hundert Jahren zur begehrten Sommerfrische des europäischen Adels und nennt heute gleich vier Grand Hotels sein eigen. Über den Mottarone-Pass kommt man hier rasch zum ruhigen **Lago d'Orta** ➡ D/E2, der mit dem romantischen Örtchen **Orta San Giulio** ➡ E2 und der vorgelagerten Insel ein echtes Juwel besitzt.

Der Osten des Lago Maggiore gehört zur Lombardei. Hier sind die Orte einfacher strukturiert und nicht von Belle Époque geprägt, doch gibt es auch hier echte Highlights, z. B. die sich großartig ans Steilufer klammernde Einsiedelei ⑨ **Santa Caterina del Sasso** ➡ D3, die immer wieder gern als Titelmotiv für Lago-Maggiore-Ansichten verwendet wird, sowie die stolze **Burg von Angera** ➡ E3 mit ihrem Puppenmuseum.

Angera ➡ E3

Die ruhige Kleinstadt am südlichen Lago Maggiore besitzt eine ausgedehnte Uferzone mit Blick auf das gegenüberliegende Arona und wird gekrönt vom absoluten Highlight des unteren Sees, der **Rocca di Angera**. Die mittelalterliche Burg war im Be-

Einen großartigen Ausblick über den Lago Maggiore kann man von der Wallfahrtskirche Madonna del Sasso aus genießen

sitz der Visconti und wurde 1449 von den Borromäern übernommen. Ein mächtiger Wehrturm überragt die hohen, gewölbten Säle (teils mit Freskenschmuck), die sich um einen Innenhof mit Stallungen gruppieren. Von der Brüstung vor der Burg genießt man einen wunderschönen Rundblick über den Seesüden. In der Burg ist das Puppen- und Spielzeugmuseum **Museo della Bambola & del Giocattolo** untergebracht, hervorgegangen aus der Privatsammlung einer borromäischen Adligen.

Rocca di Angera mit Museo della Bambola & del Giocattolo ➡ E3
Via Rocca Castello 2
Angera
✆ 03 31 93 13 00
www.isoleborromee.it
In der beeindruckenden mittelalterlichen Burg zeigt das Museum mehr als 1000 historische Puppen sowie Puppenstuben und Spielzeug aus verschiedenen Epochen und Kulturen.

Il Sole di Ranco ➡ E3
Piazza Venezia 5, Ranco
✆ 03 31 97 65 07
ilsolediranco.it
Luxusrestaurant im gleichnamigen Hotel, das seit über 150 Jahren von Familie Brovelli geführt wird. Super Service, kreative Küche und hervorragende Weinkarte. Schöne Terrasse mit Pergola und Seeblick. €€€

Arona ➡ E3

Wichtigste Stadt im Süden des Sees. Die großzügige Piazza del Popolo liegt mit der **Casa del Podestà**, dem ehemaligen Statthalterpalast, und der Renaissancekirche **Madonna di Piazza** direkt am Wasser. Bevor man die lange Fußgängerzone durch die Altstadt betritt, kann man hier einen schönen Blick auf die imposante Burg von Angera am nahen Ostufer werfen.

Nimmt man anschließend die Straße nach Ghevio hinauf, sieht man sich nach etwa zwei Kilometern hoch über dem See der mächtigen **Kupferstatue des »San Carlone«** gegenüber (mit Sockel 35 m). Verewigt wurde damit der berühmteste Spross der Borromeo-Familie, der 1538 an dieser Stelle geborene spätere Kardinal Carlo Borromeo, der sich für die Gegenreformation einsetzte und 1614 heiliggesprochen wurde.

Die 35 Meter hohe Kupferstatue des hl. Carlo Borromeo zwischen Arona und Ghevio

Statue des Carlo Borromeo ➡ E3
An der Straße von Arona nach Ghevio
www.statuasancarlo.it
Im Innern der Kardinalsstatue kann man bis zum Kopf hinaufklettern und hat einen schönen Blick über den See.

Vecchia Arona ➡ E3
Corso Guglielmo Marconi 17
Arona
✆ 03 22 24 24 69
www.vecchiaarona.it
Sehr gute italienische Küche mit schönstem Seeblick. Beliebt bei den Gästen ist der schöne Wintergarten. €€–€€€

Nautica ➡ E3
Piazza Gorizia 1
Arona
✆ 03 22 24 32 83
nauticaristorante.com
Pizzeria nördlich der Piazza del Popolo direkt am Seeufer, große Terrasse und Sitzplätze auf einem Turm aus dem 16. Jh. €€

Il Grappolo ➡ E3
Via Pertossi 7, Arona
✆ 03 22 47 735
www.ilgrappoloarona.it
Aufmerksam geführte Osteria/ Enoteca mit bester Weinauswahl, kalte Platten mit Zutaten aus der Region. €

6 Ascona ➡ B4

Nur vier Kilometer von Locarno liegt an der geschützten Südseite der Maggia-Halbinsel der wichtigste Fremdenverkehrsort des Tessins mit seiner Platanenpromenade, der schönsten Seeterrasse der Schweiz. Was früher nur ein Fischerdorf war, ist heute mondäner Treffpunkt für Schöne, Reiche und Urlauber aus aller Welt. Am Lungomare reiht sich Café an Café, Gaukler, Clowns und Feuerschlucker zeigen ihre Künste, man spricht Deutsch.

Angefangen hat alles zur vorigen Jahrhundertwende: Damals kauften einige Utopisten den Monte Monescia oberhalb vom Ort und nannten ihn **Monte Verità**, Berg der Wahrheit. Zwanzig Jahre lang war die Kolonie Zufluchtsort für Alternative und Weltverbesserer, die zurück zur Natur wollten und eine neue Wohn- und Lebensform mit striktem Vegetarismus, Freikörperkultur und Freier Liebe gründeten, u. a. weilten auch Hermann Hesse und der Psychoanalytiker Karl Gustav Jung zeitweise unter ihnen. Heute ist auf dem Berg, der eigentlich nur ein Hügel ist, ein Park mit teils renovierten Hütten und Häusern und anderen Relikten der Monte-Verità-Bewegung angelegt, wo man schön spazieren gehen kann. Hinauf kommt man zu Fuß (ca. 45 Min., ausgeschildert ab Hotel Riposo) oder mit dem Wagen.

Ascona selbst ist autofrei. In den schmalen Gassen stehen alte Palazzi mit prächtigen Portalen, Balkonen und Fresken. Kunstgalerien, Restaurants und Läden bringen Farbe ins Bild.

In der barocken **Casa Serodine**, dem Vaterhaus des Malers Giovanni Serodine (1594–1630), befindet sich seit 1946 ein Antiquariat, einige Räume werden vom Museo Comunale d'Arte Moderna di Ascona für Ausstellungen genutzt. Gegenüber sind in der dreischiffigen Basilika **Santi Pietro e Paolo** mit schlankem Glockenturm drei der noch erhaltenen Tafelbilder von Giovanni Serodine zu sehen. Das **Collegio Papio** am Rand des Zentrums, heute Mittelschule und Lyzeum, war einst ein Kloster und besitzt einen der schönsten Renaissancehöfe Europas mit doppelstöckigem Kreuzgang.

Tourist Information ➡ B4
Viale B. Papio 5, CH-6612 Ascona
✆ 08 48 091 091
www.ascona-locarno.com

Casa Anatta, Casa Selma, Russenhaus & Chiaro Mondo del Beati ➡ B4
Monte Verità, Ascona
✆ 091 785 40 40
www.monteverita.org
Das Museum des Monte Verità ist in historischen Bauten der Wende vom 19. zum 20. Jh. eingerichtet, Hauptsitz ist die nach theosophischen Prinzipien erbaute Casa Anatta, Casa Selma und das Russenhaus (nur bei temporären Ausstellungen) waren »Licht- und Lufthütten«. Dazu kommt das »Elisarion«: In dem eigens dafür eingerichteten Pavillon mit restauriertem Baldachin lockt das 26 m langen Panoramagemälde »Die Klarwelt der Seligen« von Elisàr v. Kupffer (1872–1942) .

Ecco ➡ B4
Via del Segnale 10 (nahe Golfplatz), Ascona
✆ 091 785 88 88
giardinohotels.ch/ascona
Küchenchef Rolf Fliegauf ist bekannt für seine kreative und aromareiche Küche und wurde von Michelin mit zwei Sternen ausgezeichnet. Das Restaurant liegt sehr schön an der Gartenseite des Hotels Giardino. €€€

Seven ➡ B4
Via Moscia 2, Ascona
✆ 091 780 77 88, www.seven.ch
Schickes Lokal mit Hafenblick, jungem Wirt und innovativer Speisekarte. Weitere Filialen: Seven Asia, Seven Easy, Riva und Senses. €€€

JazzAscona ➡ B4
Ascona
www.jazzascona.ch
Größtes New Orleans Dixieland & Classic Jazz-Festival Europas, alljährlich Ende Juni/Anfang Juli.

Kein Auto fährt auf der gepflasterten Seepromenade von Ascona

Brissago und Isole di Brissago ➡ B4

Die prächtigen Villen und Palazzi zeigen den Reichtum der alten Tessiner Handelsstadt kurz vor der italienischen Grenze, die immer auch Anziehungspunkt für Urlaubsgäste und Künstler war, denn durch die geschützte Lage hat sich hier eine Art subtropisches Klima mit vielfältig blühender Vegetation entwickelt.

Brissago besitzt mit dem **Centro Dannemann** eine 150 Jahre alte Tabakfabrik, die nach wie vor in Betrieb ist und die berühmten Brissago-Zigarillos herstellt. Das herrschaftliche Gebäude liegt direkt am See und ist ein einzigartiges Industriedenkmal aus dem 19. Jahrhundert, damals war die Fabrik mit 600 Mitarbeitern, meist Frauen, die größte im ganzen Tessin. 1999 kaufte die weltweit erfolgreiche Dannemann-Gruppe das Anwesen. Noch immer wird in der historischen Fabrik am Seeufer produziert, doch das Besucherzentrum ist mittlerweile geschlossen worden.

Sehenswert sind auch die Kirchen **Madonna di Ponte** und **Santi Pietro e Paolo**, beide stilechte Bauten der Renaissance, sowie die Wallfahrtskirche **Sacro Monte**. Im schönen, weiter nördlich liegenden **Ronco** haben sich in den 1950er und 1930er Jahren berühmte Künstler und Schriftsteller, wie z. B. Erich Maria Remarque, niedergelassen.

Auf der **Isola San Pancrazio**, der größeren der beiden vorgelagerten Isole di Brissago, wurde ab den 1950er Jahren ein **Botanischer Garten** konzipiert – den Grundstock legte Ende des 19. Jahrhunderts die exzentrische Baronin Antoinette de Saint-Léger, die hier Pflanzen aus aller Welt zusammentrug. Nach ihr kam der Hamburger Kaufmann Max Emden, der einen neoklassizistischen Palazzo erbauen ließ und den Park weiter pflegte. Heute sind hier 1500 Arten aus allen Erdteilen kultiviert und gruppieren sich um den Herrensitz mit geräumigem Restaurant und Café.

Tourist Information ➡ B4
Via R. Leoncavallo 25
CH-6614 Brissago
✆ 08 48 091 091
www.ascona-locarno.com

Sacro Monte ➡ B4
Via ai Cipressi 6
Brissago
www.sacromontebrissago.ch
In leuchtendem Gelb gehaltene Wallfahrtskirche auf einem Fels-

Seepromenade in Brissago

Nahe der Schweizer Grenze liegt Cannobio am piemontesischen Westufer des Lago Maggiore

vorsprung oberhalb vom See. Zu Fuß ca. 20 Minuten auf einem Kreuzweg durch das Valle del Sacro Monte (Start in der Via Gerusalemme im östlichen Ortsteil) bzw. mit Bus oder Auto.

Botanischer Garten ➡ B4
Isole di Brissago
✆ 091 791 43 61
www.isolebrissago.ch
Pflanzen aus aller Welt. Hier befindet sich auch das Restaurant Villa Emden (www.villaemden.com/de). Häufige Überfahrten von Locarno, Ascona, Brissago und Porto Ronco.

Hotel Rivabella au Lac ➡ B4
Via R. Leoncavallo 43
Brissago
✆ 091 793 11 37
www.rivabellaaulac.ch
Hübsches, kleines Hotel mit Palmengarten, schöner Frühstücksterrasse und direktem Seezugang. €€

7 Cannobio ➡ C4

Der reizvolle Ort liegt im Nordwesten des Sees, nur wenige Kilometer südlich der Schweizer Grenze. Enge Treppengassen mit überwölbten Durchgängen ziehen sich zur attraktiven Promenade hinunter, die abends für den Verkehr gesperrt ist. In mehreren Cafés und Freiluftrestaurants sitzt man gemütlich, in der Saison gibt es hier allabendlich Livemusik. Nördlich vom Ort erstreckt sich ein langer Kiesstrand, dahinter liegen mehrere Campingplätze. Viel Stammpublikum aus Deutschland und der Schweiz kommt hier alljährlich zusammen.

Das mit Stuck, Gold und Fresken reich ausgestattete **Santuario della Santissima Pietà** steht in der Nähe der Anlegestelle und ist das bedeutendste Heiligtum des oberen Lago Maggiore.

Sieben Kilometer südlich von Cannobio liegen direkt vor dem Ufer die malerisch ummauerten Inseln **Castelli di Cannero**. Bevor die Borromäer sie zur Festung gegen die Schweizer ausbauten, hausten hier im Mittelalter die Raubritterbrüder Mazzardi. Privat und unzugänglich.

Tourist Information ➡ C4
Palazzo della Ragione
Via Antonio Giovanola 25
28822 Cannobio (VB)
✆ 03 23 712 12
www.procannobio.it

Isola Madre: die ruhigste der Borromäischen Inseln des Lago Maggiore

Santuario della Santissima Pietà ➡ C4
Piazza Santuario 2, Cannobio
In der Kuppelkirche aus der Renaissance wird ein kleines Bildnis verehrt, das Jesus zusammen mit Maria und Johannes zeigt. Am 8. Januar 1522 sollen aus dieser »Pietà« Blut und Tränen auf ein Tuch geflossen sein, das heute in einem gläsernen Schrein unter dem Hauptaltar aufbewahrt wird.

Del Lago ➡ C4
Via Casali Carmine Inferiore 2
Carmine (5 km südlich von Cannobio)
✆ 03 23 705 95, www.hoteldellagocannobio.it/de
Restauriertes Hotel mit mit wunderbarer Terrasse und Garten bis zum See hinunter. Angeschlossen ist eine Enoteca mit guter Küche. Gute Adresse für Weinliebhaber. €€–€€€

Laura & Paul ➡ C4
Piazza Vittorio Emanuele III 14
Cannobio
✆ 03 23 73 97 80
Kreativ belegte Pizzen und schön präsentierte italienische Spezialitäten am See. €€

8 Isole Borromee (Borromäische Inseln) ➡ D3

Die drei Inseln sind seit über 100 Jahren die berühmtesten Ausflugsziele am Lago Maggiore. So herrscht im Sommer stets heftiger Andrang, vor allem auf der **Isola Bella**, der »Schönen Insel«, die von Stresa aus am schnellsten zu erreichen ist. Im 17. Jahrhundert ließ Carlo III. aus der mächtigen Borromeo-Familie auf dem damals unbebauten Eiland einen **Palast** mit überaus prachtvollem Innenleben und terrassierten Gartenanlagen errichten – vielmehr wurde die ganze Insel zu einer einzigen Palastanlage, die einem vor Anker liegenden Schiff ähnelt und Künstler inspirierte. Carlo III. benannte sie nach seiner Frau Isabella, woraus »Isola Bella« wurde.

Auf der **Isola dei Pescatori** liegt ein einstiges Fischerdorf, das heute fest in der Hand der Touristenmassen ist. Souvenirshops, Snackbars, Cafés und Restaurants lassen nur noch wenig Romantik aufkommen. Immerhin haben einige Lokale sehr stimmungsvolle Seeterrassen.

Die **Isola Madre** liegt weit draußen im See und ist die ruhigste der drei Inseln. Auch hier steht ein eleganter **Palazzo Borromeo** mit einem prächtigen Garten.

Überfahrten zu den Isole Borromee ➡ D3
Von der Fähranlegestelle in Stresa pendeln öffentliche Motorboote ständig hinüber, ein Besuch von Isola Bella und Isola dei Pescatori hin und zurück oder zu allen drei Inseln ist möglich (Infos unter www.isolelagomaggiore.com). Günstiger sind die Überfahrten vom Piazzale Lido am Nordende von Stresa. Häufige Verbindungen gibt es von Baveno und Verbania/Pallanza sowie von Laveno Mombello am Ostufer. Die regulären Linienschiffe sind geringfügig günstiger als die Motorboote.

Palazzo Borromeo ➡ D3
Isola Bella
✆ 03 23 93 34 78
Die zahlreichen Säle und Wandelhallen bergen allen barocken Prunk, darunter zahllose Gemälde, flämische Gobelins, Stuck und Statuen, wertvolle Möbel, eine alte Bibliothek u.v.m. Im Untergeschoss gibt es einige künstliche Grotten, wo man sich auf Seehöhe von der Sommerhitze erholen kann. Die üppigen Gärten sind mit Statuen und Brunnen in zehn Terrassen übereinander angelegt. An der Spitze prunkt ein reich verzierter Steinbau mit Grotten, Muscheln und kunstvollen Skulpturen aus der Götter-Mythologie, darunter an oberster Stelle das Einhorn, das Wappentier der Borromeo. Zwischen den Besuchern laufen die von den Borromäern hier angesiedelten weißen Pfaue umher.

Palazzo Borromeo ➡ D3
Isola Madre
✆ 03 23 93 34 78
Im Palast gibt es Mobiliar, Porträts der Borromeo-Familie und eine Sammlung von Marionetten mit dazugehörigen Puppentheatern zu sehen. Im subtropisch anmutenden Garten mit Pflanzen aus allen fünf Kontinenten leben weiße Pfaue, Papageien und Fasane.

Laveno Mombello ➡ D3

Das kleine Küstenstädtchen liegt in der östlichen Seemitte. Fähren pendeln hinüber nach Intra, über dem Ort thront der bewaldete **Sasso del Ferro**, zu dem man mit der Seilbahn hinaufgondeln kann. Im 19. Jahrhundert war Laveno bekannt für seine Keramikproduktion, ein **Keramikmuseum** kann man im Nachbarort Cerro besuchen, am dortigen Sandstrand lässt es sich auch gut baden.

Wenig südlich von Reno (etwa 5 km südl. von Laveno) liegt mit der Einsiedlei 9 **Santa Caterina del Sasso** eins der beliebtesten Ausflugsziele am See. Die mittelalterliche Kirche duckt sich mitsamt ehemaliger Klostergebäude wenige Meter über dem

Klassische Statuen und mediterrane Pflanzen prägen den Palastgarten der Isola Bella

Wasserspiegel an die steile Felswand des Ufers. Erbaut wurde das Heiligtum aufgrund eines Gelübdes von Albertus Besozzi, eines reichen Kaufmanns, der 1170 auf dem See in einen heftigen Sturm geraten war und fortan hier als Einsiedler lebte.

Die hochedle **Villa della Porta Bozzolo** ➡ D4 findet sich etwa zehn Kilometer landeinwärts von Laveno in Casalzuigno. Das großzügige Herrenhaus wurde bereits während der Renaissance im frühen 16. Jahrhundert errichtet, Erweiterungen fanden im 17. und 18. Jahrhundert statt. Umgeben ist sie von einem weitläufigen Park, der sich mit Freitreppen, Terrassen und Brunnen einen bewaldeten Hügel hinaufzieht.

Im Anschluss an die Besichtigung kann man noch die steile, etwa drei Kilometer lange Serpentinenstraße (für Wohnmobile nicht geeignet) ins ehemalige Künstlerdorf **Arcumeggia** ➡ D4 hinauffahren. Seit den 1950er Jahren haben hier bekannte und weniger bekannte Maler die Hauswände mit farbenfrohen Malereien geschmückt, in den letzten Jahren wurden die meisten davon restauriert.

ℹ Tourist Information ➡ D3
Via Europa 2
21014 Laveno Mombello
✆ 033 35 64 83 99
www.prolocolmc.it

ℹ Museo Internazionale Design Ceramico ➡ D3
Palazzo Perabò
Lungolago Perabò 5
Cerro
✆ 03 32 62 55 51
www.midec.org
Umfassende Keramiksammlung des 19. und 20. Jh. in mehreren Sälen.

9 Santa Caterina del Sasso ➡ D3
Piazza Libertà 1
21100 Varese (5 km südl. von Laveno am See)
✆ 03 32 64 70 14
www.santacaterinadelsasso.com
Vom Parkplatz oberhalb steigt man über Stufen hinunter (es gibt auch einen Lift), durchquert

In traumhafter Lage am Steilufer des Lago Maggiore: das Kloster Santa Caterina del Sasso

die Räume des ehemaligen Klosters und passiert den parallel zur Uferlinie erbauten Bogengang namens **Conventino**, berühmt ist darin der aus zehn Bildern bestehende Totentanz-Zyklus aus dem 17. Jh. Die heutige Kirche wurde im Jahr 1587 begonnen, sie fasst die Kirchen und Kapellen, die hier zuvor bereits gestanden haben, in einem einzigen Raum zusammen, einige Fresken aus dem 14. Jh. sind noch erhalten. Am Südende liegt die Kapelle des hl. Albertus, wo der mumifizierte Leichnam des Einsiedlers aufgebahrt ist.

Villa della Porta Bozzolo
➡ D4
Viale Bozzolo 5
Casalzuigno
✆ 03 32 62 41 36
www.fondoambiente.it
Nach Durchquerung der Wirtschaftsräume betritt man die L-förmige Villa, deren Zimmerfluchten mit Parkett oder Terrakottafliesen ausgelegt sind. Türen, Decken und Wände sind mit blumenreichen Fresken des 18. Jh. bemalt.

Wasserfälle von Cittiglio
➡ D4
Nördlich von Cittiglio (von Laveno Mombello landeinwärts)
Den ersten der drei erfrischenden Wasserfälle erreicht man von der Piazza degli Alpina in Cittiglio leicht zu Fuß (ca. 1 km ein wenig ansteigend durch den Wald). Man folgt dem Wegweiser »Cascate«. Der Weg zu den zwei weiteren ist steil und teilweise zerstört.

Ausflugsziel:

Monte Sasso del Ferro ➡ D3
Funivia del Lago Maggiore
Laveno Mombello
✆ 03 32 66 80 12
www.funiviedellagomaggiore.it

Schwer zu erreichen: der zweite der drei Wasserfälle von Cittiglio

Erfrischender Ausflug in offenen Seilbahngondeln mit Platz für zwei Personen bis kurz unterhalb der Spitze des 1062 m hohen Bergs, weiter zum Gipfel in 30 Minuten zu Fuß. An der Bergstation Ristorante mit Zimmervermietung, von der Panoramaterrasse großartiger Blick auf den See und die Alpen.

Locarno ➡ B4

Die nördlichste Stadt am Lago Maggiore erstreckt sich pittoresk auf der Halbinsel des Flusses Maggia, der hier das größte Flussdelta der Schweiz bildet. Fremdenverkehr findet bereits seit dem 19. Jahrhundert statt, Locarno zeigt sich mondän und nobel. Herzstück der Altstadt ist die weitläufige **Piazza Grande** mit ihrem nostalgischen Kopfsteinpflaster

Mondäner Urlaubsort: Locarno am nördlichen Ende des Lago Maggiore

und den schönen Laubengängen ringsum. Hier kann man wunderbar Kaffee trinken, denn der Platz ist für Autos gesperrt und am Donnerstag findet hier der große Wochenmarkt statt (im Winter nur alle 14 Tage). Benachbart liegt der Stadtpark **Giardini Pubblici**, der vom **Kursaal** dominiert wird, einem eleganten Bau der vorigen Jahrhundertwende mit Kasino und Theater.

Vom Stadtgarten nach Süden führt die **Via della Pace**. Im Palazzo della Conferenza (heute Polizei und Finanzamt) fanden hier 1925 die berühmten Verhandlungen zwischen den Westmächten und Deutschland statt, die als »Locarnopakt« in die Geschichte eingingen. Der Saal ist heute im **Museo Civico e Archeologico** im **Castello Visconteo** an der Piazza Castello rekonstruiert, die Burg der Mailänder Visconti aus dem 15. Jahrhundert besitzt außerdem ein sehenswertes Innenleben.

Weiter nördlich steht die größte Kirche Locarnos, **Sant'Antonio Abate**, im Inneren geschmückt mit Gemälden der Gebrüder Orelli, einer einheimischen Künstlerfamilie. An der Südseite der Piazza Sant'Antonio kann man die **Pinacoteca Comunale** in der gediegenen Casa Rusca besuchen.

Im Ortsteil Muralto auf der anderen Seite der Bucht steht nicht weit vom Bahnhof die **Chiesa San Vittore**, die bedeutendste romanische Kirche des Tessin, mit reichem Skulpturenschmuck und wertvollen Fresken, vor allem in der Krypta.

Nach so viel Kultur findet man an der langen Seepromenade sicher ein schönes Plätzchen mit Seeblick. An ihrem Südende liegen die schattigen **Giardini Jean Arp** mit Skulpturen des Elsässer Künstlers (1886–1996), der zu den Vorreitern des Dadaismus gehörte.

Oder man fährt mit der *Funicolare* (Standseilbahn) ab Via Ramogna, etwa 200 Meter nördlich vom Stadtpark, zur berühmten Wallfahrtskirche **Madonna del Sasso** ➡ B4 hinauf (etwa alle 15 Min.). Von der Endstation »Orselina« führt ein Treppenweg in etwa fünf Minuten zum 350 Meter über Locarno gelegenen Heiligtum, das aufgrund einer Marienerscheinung des Mönchs Bartolomeo d'Ivrea im Jahr 1480 gegründet wurde. Auch eine Autostraße führt hinauf (Via ai Monti della Trinità). Viele Wallfahrer und sportliche Besucher nehmen aber stattdessen den steilen, von Kreuzwegkapellen des 17. Jahrhunderts begleiteten Pilgerweg »Via Crucis« (einfacher Weg etwa 45 Min.).

Im Anschluss kann man mit einer hypermodernen Seilbahn des Stararchitekten Mario Botta alle 30 Minuten zur großartigen Aussichtsterrasse von **Cardada** in 1671 Metern Höhe weiterfahren und von dort wiederum per Sessellift weiter nach **Cimetta** ➡ B4, wo es sich herrlich wandern lässt. Die Preise haben es allerdings in sich.

Großartig ist auch ein Abstecher in die wilde Bergnatur des **Centovalli** ➡ B3/4 (Hundert Täler), am besten mit der berühmten **Centovalli-Bahn**.

Tourist Information ➡ B4
Piazza Stazione/Bahnhof SBB
CH-6600 Locarno
✆ 08 48 091 091
www.ascona-locarno.com

Museo Civico e Archeologico ➡ B4
Castello Visconteo
Via Bartolomeo Rusca 5, Locarno
✆ 091 756 31 80
castellolocarno.ch
Zahlreiche Stücke aus der Tessiner Geschichte von der Prähistorie bis zum Locarnopakt, berühmt ist die Sammlung römischer Glasgefäße. Auch das historische Gemäuer selbst ist sehr sehenswert.

Pinacoteca Comunale ➡ B4
Casa Rusca, Piazza S. Antonio 1
Locarno
✆ 091 756 31 85
museocasarusca.ch
Im sehr schönen Rahmen eines Palazzo des 18. Jh. wechselnde Kunstausstellungen der Stadt Locarno.

Osteria del Centenario ➡ B4
Viale Verbano 17
Locarno-Muralto
✆ (091) 743 82 22
www.osteriacentenario.ch
Klein und fein an der Uferpromenade, gehobene Qualität zu ebensolchen Preisen. €€€

Oberhalb von Locarno: die Wallfahrtskirche Madonna del Sasso

Locarno International Film Festival
Piazza Grande, Locarno
www.pardolive.ch
Alljährlich Anfang August findet seit 1946 zehn Tage lang das nach Venedig älteste Filmfestival Europas statt. Die brandneuen Filme von oft eher unbekannten Regisseuren, die sich um den Locarner Filmpreis »Goldener Leopard« bewerben, werden abends auf der Piazza Grande gezeigt.

Ausflugsziele:

Ferrovia delle Centovalli (Centovalli-Bahn) ➡ B4
FART (Ferrovie Autolinee Regionali Ticinesi)
Via Domenico Galli 9
Locarno
✆ 091 751 87 31
www.vigezzinacentovalli.com/de
Mehrmals täglich fährt die berühmte Schmalspurbahn auf der 1913 erbauten Strecke von Locarno nach Domodossola (für 2 Tage gültiges Touristenticket hin und zurück, www.vigezzinacentovalli.com/de/info-servizi.html).
Die reizvolle Fahrt passiert über 80 Brücken und Dutzende von Tunneln hoch über der Melezza.

Grotto Brunoni ➡ B4
Via Cantonale/Via Golino 1
Golino
✆ 091 796 11 20
www.grotto-brunoni.ch
Eines der ältesten Grotti im Tessin. In schöner Lage im Grünen werden traditionelle Gerichte der Region serviert. €€

Luino ➡ C4

Größerer Ort mit lebendigem Zentrum. Landeinwärts der Durchgangsstraße zieht sich die mit rotem Stein einheitlich gepflasterte Altstadt den Hügel hinauf. Der interessanteste Tag für einen Stadtbesuch ist zweifellos der Mittwoch, denn dann findet im Stadtzentrum der riesige **Mercato di Luino** statt, der in seinen Ursprüngen bis 1541 zurückgeht und zu den schönsten Märkten Europas gezählt wird.

Das freundliche Badeörtchen **Maccagno** ➡ C4 liegt sechs Kilometer nördlich von Luino pittoresk unter hohen Uferfelsen. Eine neun Kilometer lange, sehr schmale und kurvenreiche Straße führt von dort mit herrlichen Seepanoramen zum Stausee **Lago d'Elio** ➡ C4 in 930 Metern Höhe, ein beliebtes Ausflugsziel auch bei Einheimischen.

Tourist Information ➡ C4
Via Piero Chiara 1
21016 Luino
✆ 03 32 53 00 19

In der Altstadt von Luino: Restaurant Al Cantinone

Luxuriöse Grand Hotels und Promenaden säumen den Kurort Stresa

Camin Hotel Luino ➡ C4
Viale Dante 35, Luino
✆ 03 32 53 01 18
www.caminhotelluino.com
Gediegene Jugendstilvilla im südlichen Ortsbereich, das Restaurant hat auch Plätze im schönen Garten. €€–€€€

Al Cantinone ➡ C4
Via Cavallotti 32, Luino
✆ 03 32 53 57 06, www.facebook.com/AlCantinoneLuino
Zentral in der Altstadt, hübsches Lokal mit freundlicher Bedienung, man sitzt schön vor dem Haus. €€

Tre Re ➡ C4
Via Alessandro Manzoni 29, Luino
✆ 03 32 53 11 47
Das etwas ältere, aber gemütliche Ristorante in der Altstadt verfügt über eine schöne, nach hinten gelegene Terrasse. Die Küche ist gut, auch die Pizza lecker. €€

Mercato di Luino ➡ C4
Via Comi 4 (südl. der Altstadt von Luino), Luino
Marktgetümmel mit Zehntausenden von Besuchern, verkauft werden z. B. Schuhe, Kleidung und Lederwaren, außerdem kulinarische Delikatessen, z. B. der leckere Ziegenkäse *toma.* Es gibt kaum Parkplätze.

Stresa ➡ D3

Dank des milden Klimas in der Seemitte begann der Tourismus hier schon im 19. Jahrhundert zu boomen. Queen Victoria war hier und die Zarenfamilie, Hemingway natürlich auch (wo nicht), Charles Dickens und Lord Byron. 1935 kam es zur sogenannten Konferenz von Stresa, bei der sich Frankreich, Großbritannien und Italien über die deutsche Expansions- und Kriegspolitik berieten, doch fand diese eigentlich im Palast auf der vorgelagerten Isola Bella statt.

Imposante Grand Hotels säumen das parkähnlich angelegte Ufer, wunderbar ist der Blick auf die **Isole Borromee** ➡ D3, deren Besuch sich allerdings geradezu zum Massen-Event entwickelt hat. Das alte Ortszentrum ist dagegen kleinstädtisch geblieben und besitzt mit der Via Mazzini eine nette Fußgängerzone, die gleich gegenüber der Anlegestelle der Fähre beginnt.

Von der Fähranlegestelle kann man mit Linienschiffen und Motorbooten zu den Borromeischen Inseln übersetzen. Günstiger sind die Überfahrten vom Piazzale Lido am Nordende von Stresa. Der Gipfel des 1491 Meter hohen **Monte Mottarone** ➡ D3 ist auf

Abendstimmung in Feriolo

einer Panoramastraße zu erreichen. Und wenn es mal regnet, kann man im kleinen Örtchen Gignese am Weg von Stresa zum Lago d'Orta ein **Regenschirm-Museum** ➡ D3 besuchen.

Tourist Information ➡ D3
Piazza Marconi 16 (direkt an der Fähranlegestelle)
28838 Stresa (VB)
✆ 03 23 313 08
www.stresaturismo.it

Museo dell'Ombrello e del Parasole ➡ D3
Via Golf Panorama 3 (östl. Ortseingang)
Gignese
✆ 03 47 445 71 60
www.gignese.it/museo
Über tausend Regen- und Sonnenschirme aus allen Epochen sowie eine alte Werkstatt.

Giardino Botanico Alpinia
Viale Mottino 26, Alpino
✆ 03 23 92 71 73
giardinobotanicoalpinia.altervista.org
Botanischer Garten an der Mittelstation der Seilbahn auf den Monte Mottarone, Alpenflora und Raritäten von anderen Kontinenten mit herrlichem Seeblick.

Il Vicoletto ➡ D3
Vicolo del Poncivo 3, Stresa
✆ 03 23 93 21 02
www.ristorantevicoletto.com
Das kleine Restaurant mit nur wenigen Tischen liegt etwas versteckt im rückwärtigen Bereich der Altstadt, die Küche ist kreativ und wird gelobt. Reservierung ist empfohlen. €€

Verbania ➡ D3

Die größte Stadt am Lago Maggiore besteht aus den Ortsteilen Intra und Pallanza. Vom nördlichen Ortsteil **Intra** fahren Autofähren alle 20 Minuten nach Laveno am gegenüberliegenden Ufer. Größte Sehenswürdigkeit sind die ⑩ **Giardini Botanici di Villa Taranto** auf der Landzunge Punta della Castagnola zwischen Intra und Pallanza. Der Park wurde 1931 von Captain Neil Boyd McEacharn gegründet. Er war der Sohn einer wohlhabenden schottischen Familie und hatte den Ehrgeiz, einen der besten botanischen Gärten der Welt anzulegen. Im Ortsteil Pallanza kann man den Park der **Villa Giulia** am See und das **Museo del Paesaggio** im Palazzo Dugnani besuchen und auf die nahen Isole Borromee übersetzen.

Westlich von Verbania bildet der Fluss Toce eine große, flache Niederung. An ihrem Südende liegt das hübsche Örtchen **Feriolo** ➡ D3 mit einer breiten Uferpromenade, wo man gemütlich zu Abend essen kann, falls man nicht im Hochsommer unterwegs ist.

Der kleine ruhige **Lago di Mergozzo** ➡ D3 liegt etwa einen Kilometer landeinwärts. Dank seiner Tiefe und der geringen Besiedlung wird er zu den saubersten Seen Oberitaliens gezählt. Das Örtchen **Mergozzo** ➡ C3 am westlichen Ende des Sees besitzt ein idyllisches Hafenbecken und ein viel besuchtes Strandbad.

Tourist Information ➡ D3
Via San Bernardino 49
28922 Verbania/Pallanza
✆ 03 23 50 32 49
www.verbania-turismo.it

Museo del Paesaggio ➡ D3
Palazzo Dugnani (bei der Piazza Gramsci, Ecke Via Ruga/Via Marconi), Verbania/Pallanza
✆ 03 23 55 71 16
www.museodelpaesaggio.it
Das Museum beherbergt die wichtigsten Skulpturen und Gemälde der Region und hat eine archäologische Abteilung. Es hat zwei weiter Standorte, den Palazzo Biumi-Innocenti mit einer großen Sammlung an Heiligenbildern und Votivgaben (nur nach Voranmeldung) und die Casa Ceretti in Verbania-Intra für Wechselausstellungen.

⑩ **Giardini Botanici di Villa Taranto** ➡ D3
Via Vittorio Veneto 111
Verbania
✆ 03 23 55 66 67
www.villataranto.it
Im Park gibt es ca. 20 000 Pflanzenarten und zwischen den prächtigen exotischen Gewächsen sowie verspielten Wasserbecken, Brunnen und Terrassen lässt es sich entspannt lustwandeln. McEacharn, der Gründer des Parks, starb 1964 und liegt in einem Mausoleum auf dem Gelände begraben.

Lago d'Orta (Orta-See)

➡ D/E2

Das versteckte Kleinod liegt »jenseits« vom Lago Maggiore, gut versteckt hinter hohen Hügelbarrieren. Am schnellsten erreicht man den See von Verbania aus. Es gibt nur wenige Ortschaften und eine durchgehende Küstenstraße verläuft nur am Ostufer. Das Westufer ist steil und touristisch unerschlossen.

Der schönste Ort ist **Orta San Giulio** ➡ E2 an der Spitze einer

Blütenträume am Lago Maggiore: Giardini Botanici di Villa Taranto in Verbania

lang gestreckten, grünen Halbinsel am Ostufer. Es ist ein echtes Bilderbuchstädtchen, dessen Reize aber nicht verborgen geblieben sind, und im Sommer schwärmen oft Hunderte von Tagesausflüglern durch die Gassen. Über Treppen und enge Gassen steigt man hinunter zum See und steht plötzlich auf der von malerischen alten Patrizierhäusern umgebenen **Piazza Mario Motta** direkt am Wasser und genießt den Blick auf die merkwürdige Isola San Giulio, die unmittelbar gegenüber liegt.

Auf der Piazza steht der **Palazzo della Comunità**, das ehemalige Rathaus aus dem 16. Jahrhundert, mit verblassten Wandmalereien. Landeinwärts thront am Ende einer steil ansteigenden Pflastergasse die barocke Pfarrkirche **Santa Maria Assunta**. Rechter Hand steigt man von dort die Via Gemelli entlang zum **Sacro Monte di San Francesco** ➡ E2 hinauf, etwa 30 Minuten geht man ab der Piazza Motta. Um das Kloster San Nicolao stehen 21 Kapellen, die Franz von Assisi geweiht sind, und Hunderte lebensgroße Terrakotta-Statuen. Große Fresken stellen Szenen aus dem Leben des populären Heiligen dar.

Direkt an der Piazza starten ständig Boote zur gegenüber liegenden **Isola San Giulio** ➡ E2 (März–Okt.), die Linienboote der Seeschifffahrt sind günstiger. Die kleine, abends stimmungsvoll illuminierte Insel beherbergt ein großes Priesterseminar und ist praktisch vollständig bebaut, durch schmale Gassen kann man einmal rundum schlendern. Die romanische **Basilica di San Giulio**, deren Gründung auf einen Griechen namens Julius zurückgeführt wird, der die Insel im 4. Jahrhundert von Drachen und Schlangen befreit haben soll, ist üppig barock gehalten.

Drei Kilometer nördlich von Omegna an der Nordspitze des Lago d'Orta liegt das kleine Örtchen **Crusinallo** ➡ D2. Hier hat der bekannte Haushaltswaren-Designer Alessi seinen Sitz.

Im Gegensatz zum Trubel in Orta San Giulio ist das Westufer des Lago d'Orta dünn besiedelt

Die Piazza Mario Motta im reizvollen Orta San Giulio

Ein Hauch aus 1001 Nacht: Hotel Villa Crespi in Orta San Giulio

und vom Tourismus so gut wie unentdeckt – vielleicht ein Grund, dem dortigen Uferörtchen **Pella** mit seiner hübschen Promenade, einem mittelalterlichen Turm und der vielgelobten Gelateria »Antica Torre« einmal einen Besuch abzustatten?

Doch das ist nicht alles, was das Westufer reizvoll macht. Fährt man nämlich anschließend auf steiler Serpentinenstraße zur Wallfahrtskirche **Madonna del Sasso** aus dem 18. Jahrhundert, die exponiert auf einem 638 Meter hohen Granitfels steht, liegt einem das großartigste Seepanorama zu Füßen. Das Felskap in seiner heutigen Form ist durch jahrhundertelangen Granitabbau entstanden, Spuren dieser Arbeiten sind noch zu erkennen. In den Sommermonaten kann man zudem in **Boleto di Madonna del Sasso** das Steinmetzmuseum besuchen.

Tourist Information ➡ E2
Via Panoramica (Holzkiosk an der Zufahrtsstraße nach Orta, schräg gegenüber der Villa Crespi)
28016 Orta San Giulio
✆ 03 22 90 51 63
www.comune.ortasangiulio.no.it

Museo dello Scalpellino ➡ E2
Boleto di Madonna del Sasso
✆ 03 22 981 17 79
Eintritt frei
Kleines Steinmetzmuseum.

Hotel/Restaurant Villa Crespi ➡ E2
Via G. Fava 18, Orta San Giulio
✆ 03 22 91 19 02
www.villacrespi.it
Origineller Bau im orientalischen Stil an der Zufahrtsstraße nach Orta San Giulio. Restaurant mit drei Michelin-Sternen, höchst elegantem Ambiente und entsprechenden Preisen. €€€

Alessi Outlet Shop ➡ D2
Via Privata Alessi 6
Crusinallo di Omegna
✆ 03 23 868 6 48
www.alessi.com
Der Verkaufsshop liegt mitten im Betriebsgelände von Alessi. Hier bekommt man leicht fehlerhafte Ware bis zu 60 % reduziert. ■

Die Oberitalienischen Seen in Zahlen und Fakten

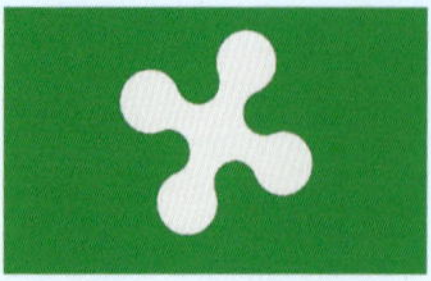

Flagge der Lombardei

Lago d'Iseo: Fläche 65,3 km^2, Länge 2 km, maximale Tiefe 251 m.
Lago di Como: Drittgrößter See Italiens, Fläche 146 km^2, 51 km lang und bis zu 4,2 km breit, Uferlänge 170 km (dank der Y-Form die längsten Seeufer Italiens), maximale Tiefe 425 m.
Lago di Lugano: Fläche 48,7 km^2 (30,7 km^2 in der Schweiz, 18 km^2 in Italien), maximale Tiefe 288 m.
Lago Maggiore: Zweitgrößter See Italiens (nach dem Gardasee), Fläche 212,5 km^2 (80,1 % in Italien, 19,9 % in der Schweiz), 66 km lang und bis zu 10 km breit, maximale Tiefe 372 m.
Lago d'Orta: Fläche 18,2 km^2, maximale Tiefe 143 m.
Politische Gliederung: Die oberitalienischen Seen liegen teils grenzüberschreitend in Italien und der Schweiz, und zwar in den italienischen Regionen Lombardei und Piemont sowie im schweizerischen Tessin.
Größte Städte/Orte: Como (Comer See) ca. 85 000, Lugano (Luganer See) ca. 64 000, Lecco (Comer See) ca. 48 000, Verbania (Lago Maggiore) ca. 31 000 Einwohner. Die nächste größere Stadt ist Bergamo mit ca. 121 000 Einwohnern. Die nahe Metropole Mailand hat ca. 1,3 Mio. Einwohner.
Höchste Erhebungen: Der Monte Rosa liegt westlich des Lago Maggiore im Grenzgebiet von Italien und der Schweiz. Seine Dufourspitze (4634 m) ist der höchste Punkt der Schweiz, der Grenzgipfel (4618 m) der höchste Gipfel des Monte Rosa auf italienischer Seite.
Wirtschaft: Der Tourismus spielt bei Weitem die bedeutendste Rolle, doch das Umfeld der Seen ist punktuell auch stark industriell geprägt: Haushalts- und Küchengeräte am Lago d'Orta, Textilbranche um Como (Fabrik-Outlets mit Direktverkauf), Energiewirtschaft (Pumpspeicheranlagen, Wasserkraftwerke) und Granitabbau, dazu kommt als weiterer bedeutender Wirtschaftszweig die Blumenzucht.

Anreise, Einreise

Bei der Einreise über Österreich und die Schweiz gibt es keine Passkontrollen, wegen der Flüchtlingsproblematik können jedoch Ausnahmen gemacht werden, meist bei der Rückfahrt. Für den Aufenthalt in Italien muss man einen gültigen Reisepass oder Personalausweis mit sich führen, Kinder unter zwölf Jahren einen Kinderreisepass.

Mit dem Auto

Die Anreiserouten zu den Seen sind vielfältig. Welche man wählt, hängt davon ab, welche Seen man besuchen will. In der Hauptreisezeit sind allerdings fast alle Strecken überlastet und staugefährdet. Unter Umständen kann es sinnvoll sein, sehr frühzeitig aufzubrechen bzw. nachts zu fahren.

Sowohl beim Transit durch die Schweiz und Österreich wie auch in Italien fallen für die Benutzung der Autobahnen **Mautgebühren** an. In Österreich kostet die Zehntages-Vignette € 11,50 und die Zweimonats-Vignette € 28,90, zusätzlich muss für die Auffahrt zum Brenner € 11 pro

Pkw bezahlt werden. Fahrzeuge ab 3,5 Tonnen benötigen eine sogenannte Go-Box, mit der die Gebühren elektronisch verrechnet werden (www.go-maut.at). Die Schweizer Vignette kostet CHF 40 (ca. € 41,70) und ist ein Jahr lang gültig.

In Italien sind an allen Auf- und Abfahrten Mautstellen eingerichtet. Der zu zahlende Betrag richtet sich nach der zurückgelegten Strecke. Wer nicht bar oder mit Kreditkarte zahlen will, kann sich eine **Viacard** besorgen, damit kann man an den Zahlstellen Extraspuren benutzen, wo die Beträge abgebucht werden. Vignette und Viacard sind vor Reiseantritt bei den Automobilclubs erhältlich, unterwegs in den grenznahen Raststätten.

Die Seen des Trentino fährt man am schnellsten über München und Innsbruck auf der bekannten **Brenner-Autobahn A22** an. Zum Iseo-See kommt man auf derselben Route, wenn man bei Verona auf die A4 in Richtung Mailand wechselt.

Comer See, Luganer See und Lago Maggiore erreicht man auf den Autobahnen durch die Schweiz. Die berühmte **St.-Gotthard-Autobahn N2** führt über Luzern am Vierwaldstätter See und durch den 16,9 Kilometer langen St.-Gotthard-Tunnel, den längsten Straßentunnel der Alpen. Hier kommt es immer wieder zu Staus. Der Bau der zweiten Tunnelröhre soll 2030 abgeschlossen sein.

Als Alternative beliebt ist die sogenannte »Direttissima« von Ulm nach Mailand: Es geht dabei auf der A7 zum Kreuz Memmingen und auf der A96 weiter nach Bregenz (Österreich), in der Schweiz dann auf der A13 via **Chur** durch den San-Bernadino-Tunnel (6,6 km, gebührenfrei) und fast in direkter Luftlinie nach Como. Für den kurzen Transit durch Österreich besteht seit 2013 Vignettenpflicht, mit der Stadtdurchfahrt von Bregenz kann man sie vermeiden.

Mit der Bahn

Tägliche Direktzüge und Kurswagen gibt es ab München, Basel, Zürich und Wien nach Verona und Mailand, im Sommer zum Teil auch direkt an die Seen, z. B. nach Como (Lago di Como), Locarno (Lago Maggiore) und Lugano

Die Oberitalienischen Seen bieten eine großartige Umgebung zum Motorradfahren, hier am Molveno-See

Orientierung leicht gemacht

(Lago di Lugano). Seit Dezember 2016 verkürzt der **Gotthard-Basistunnel**, mit 57,1 km der längste Bahntunnel der Welt, die Anreise ab Zürich nach Mailand um gut 30 Minuten (Reisende zum Lago Maggiore müssen in Bellinzona umsteigen). Nach einem Güterzugunfall ist der Tunnel allerdings bis Herbst 2024 gesperrt.

Am Ostufer der Seen Lago di Como, Lago Maggiore, Lago d'Iseo und Lago d'Orta verläuft je eine Bahnlinie, der Iseo-See kann ab Brescia mit der privaten Bahn Trenord (www.trenord.it) erreicht werden, ab Trento verkehren Züge durch die Valsugana zu den Seen Lago di Caldonazzo und Lago di Levico. Fahrpläne der italienischen Staatsbahnen unter www.trenitalia.com.

Mit dem Flugzeug

Mailand wird von vielen deutschen Flughäfen sowie aus Österreich und der Schweiz täglich angeflogen, der Großflughafen **Malpensa** liegt nur einen Katzensprung vom Lago Maggiore entfernt, der Airport **Linate** 6 km östlich von Mailand. Für Iseo- und Comer See ist der Flughafen **Malpensa** der nächstgelegene Airport.

Auch sogenannte Billigflieger steuern von verschiedenen deutschen Flughäfen die Oberitalienischen Seen an, etwa Eurowings, easyJet, Ryanair und TUIfly.

✈ Flughafen Malpensa – Mailand ➡ F4
I-21010 Ferno (VA)
✆ 02 23 23 23, www.milanomalpensa-airport.com
Der Zug Malpensa Express pendelt regelmäßig zum Hauptbahnhof (Stazione Centrale) und zur Stadtmitte (Milano Nord Cadorna) von Mailand (✆ 02 72 49 49 49, www.malpensaexpress.it), ebenso die Buslinien Malpensa Shuttle (✆ 03 31 25 84 11, www.malpensashuttle.it) und Airport Bus Express (✆ 02 33 91 07 46, www.airportbusexpress.it). In die Orte am Westufer des Lago Maggiore fährt mehrmals täglich Alibus (✆ 03 23 55 21 72, www.safduemila.com). Die Zuglinie S50 TILO verbindet Bellinzona, Lugano und Varese stündlich mit Malpensa (✆ +41 512 25 78 00, www.tilo.ch).

✈ Flughafen Linate – Mailand ➡ G7
Viale Enrico Forlanini
I-200090 Segrate (Mi)
✆ 02 23 23 23
www.milanolinate-airport.com
ATM-Bus 73 (www.atm.it) fährt alle 10 Min. nach Mailand zur Metrostation Piazza San Babila.

✈ Flughafen Orio al Serio – Bergamo ➡ E/F9
Via Aeroporto 49/51
I-24050 Orio al Serio/Grassobbio (BG)
✆ 035 32 63 23
www.orioaeroporto.it
Shuttlebusse von ATB (✆ 035 23 60 26, www.atb.bergamo.it) fahren regelmäßig in 15 Min. zum

Hauptbahnhof von Bergamo. Verbindungen zu den Seen bestehen vom dortigen Busbahnhof. Die Gesellschaften Orio-Shuttle (✆ 035 33 07 06, www.orioshuttle.com) und Autostradale (✆ 02 30 08 90 00, www.airportbusexpress.it) fahren nach Mailand, Autostradale auch nach Brescia, von dort Zug- und Busverbindung zum Iseo-See.

Mit dem Bus:
Flixbus (www.flixbus.de) bietet Fahrten von Berlin und München nach Verona sowie von Frankfurt/Main, München und anderen Städten nach Mailand an. Angebote weiterer Anbieter wie BlaBlaCar Bus findet man unter www.busliniensuche.de.

Auskunft

Fremdenverkehrsämter
Das staatliche italienische Fremdenverkehrsamt ENIT (Ente Nazionale Italiano per il Turismo) hat in der Bundesrepublik Deutschland, Österreich und der Schweiz je eine Niederlassung.

ℹ ENIT Deutschland
Schaumainkai 87
D-60596 Frankfurt/Main
✆ (069) 68 60 47 65
www.enit.it

ℹ ENIT Österreich
Mariahilfer Str. 1 B
A-1060 Wien
✆ (01) 505 16 39, www.enit.it

ℹ ENIT Schweiz
Tödistr. 65, Ch-8002 Zürich
✆ 04 45 44 07 97, www.enit.it

ℹ Tessiner Fremdenverkehrsamt Ticino Turismo
Via C. Ghiringhelli 7, P.O. Box 1441
CH-6501 Bellinzona
✆ (091) 825 70 56
www.ticino.ch

An den Seen
So gut wie jeder Seeort verfügt über ein Informationsbüro, genannt **IAT** (Informazione e Accoglienza Turistica) oder **Pro Loco**. Häufig besitzen die Büros auch eigene Websites mit touristischen Informationen. Diese sind natürlich auch über die Tourist Informationen in den Gemeinden erhältlich.

Automiete, Autofahren

Mietwagen kann man in allen größeren Urlaubsorten anmieten. Anzuraten ist eine Kaskoversicherung (CDW = *collision damage waver*). In der Regel wird bei der Anmietung eine Kreditkarte verlangt. Günstiger ist es unter Umständen, schon vor Reisebeginn online bei einem Vergleichsportal zu buchen, z. B. bei www.billiger-mietwagen.de.

Die berühmten Uferstraßen an den Seen bieten immer wieder einmalige Panoramen. Trotzdem kann man sich dem optischen Genuss nicht uneingeschränkt hingeben, denn die Straßen sind oft schmal, in der Hauptreisezeit zudem fast immer überlastet und staugeplagt. Besondere Vorsicht ist in den zahlreichen Tunneln und Galerien geboten, die vor allem in den von hohen Berghängen eingefassten nördlichen Seehälften häufig sind.

Wenn man sich von den Uferstraßen entfernt, wird es fast immer steil, sehr kurvig und sehr eng, hier sollte man große Vorsicht walten lassen. Auch in den verwinkelten Ortschaften sind die Verkehrswege oft sehr eng und unübersichtlich, vor allem die kleinen Nebengassen sollte man meiden, denn oft genug hören sie einfach auf oder werden für Pkw zu eng. Achtung: Fast alle historischen Zentren sind Fußgängerzonen.

Parken ist in den Seeorten fast überall kostenpflichtig, vor allem im Hochsommer (Preise: ca. € 2 pro Std., gelegentlich ist die Siestapause gratis). Gebührenfrei kann man dann das Fahrzeug meist nur weit außerhalb der Ortszentren abstellen. **Parkverbot** besteht an schwarz-gelb gekennzeichneten Bordsteinen sowie auf gelb markierten Parkflächen.

Am Comer See und am Lago Maggiore kann es vorteilhaft sein, die **Autofähren** zu benutzen, die tagsüber etwa stündlich zwischen Ost- und Westufer pendeln, bevor man weite Umwege entlang der Seeufer fährt.

Im Falle eines Unfalls wird in Italien im Gegensatz zu den meisten EU-Ländern oft immer noch die **grüne Versicherungskarte** verlangt.

Das **Tempolimit** (auch auf dreispurigen) Autobahnen liegt bei 130 km/h, auf Schnellstraßen bei 110 km/h, auf Landstraßen bei 90 km/h, innerorts bei 50 km/h. Die italienischen **Bußgelder** gehören zu den höchsten in Europa, die Mindestgebühr für einfaches Falschparken beträgt bereits € 40, überhöhte Geschwindigkeit wird streng geahndet.

Dachlasten und Ladungen, die über das Wagenende hinausragen, müssen mit einem reflektierenden, 50 x 50 cm großen, rot-weiß gestreiften **Aluminiumschild** (kein Kunststoff!) abgesichert werden (erhältlich im deutschen Fachhandel, in Italien an Tankstellen).

Für den Fall, dass man wegen eines Unfalls oder einer Panne auf einer Autobahn das Auto verlässt, muss im Auto stets eine reflektierende **Sicherheitsweste** (DIN EN 471) vorhanden sein (erhältlich in Tankstellen, Baumärkten etc.).

Tagsüber muss nicht nur auf Autobahnen, sondern auch auf allen Überlandstraßen mit **Abblendlicht** gefahren werden.

Telefonieren am Steuer ist nur mit Freisprecheinrichtung erlaubt. Es herrscht **Anschnallpflicht**. Die **Promillegrenze** beträgt 0,5.

Diplomatische Vertretungen

ℹ **Generalkonsulat der Bundesrepublik Deutschland**
Via Solferino 40,
I-20121 Mailand
✆ 02 623 11 01
www.italien.diplo.de

ℹ **Generalkonsulat von Österreich**
Piazza del Liberty 8/4
I-20121 Mailand
✆ 02 778 07 80
www.bmeia.gv.at

ℹ **Generalkonsulat der Schweiz**
Via Palestro 2
I-20121 Mailand
✆ 02 777 91 61
www.eda.admin.ch/milano

Einkaufen

Shoppen kann im Seengebiet zum rundum erfreulichen Erlebnis werden. In den engen Altstadtgassen wird man so manche Entdeckung machen – kreative Boutiquen und Galeristen, Kunsthandwerker und Künstler haben sich überall niedergelassen, man findet Aquarellisten und Keramiker, Seidenmaler und Schmuckmacher, Textildesigner und Fotografen. Daneben sind es aber vor allem die kulinarischen Produkte, die Lust auf einen Einkaufsbummel machen.

Fast schon verschwenderisch üppig werden Obst und vielfältiges Gemüse präsentiert, es gibt Grappa und Liköre in ansprechenden Flaschen, Olivenöl und wertvollen Essig, getrocknete und

Handgemachtes aus der italienischen Schweiz: Metzgerei und Käserei in der Innenstadt von Lugano

frische Pilze, eingelegte Früchte, Honig verschiedener Blüten, Gewürze.

Ein besonderes Erlebnis ist natürlich immer der Weinkauf, eine genussvolle Verkostung der regionalen Tropfen in einer **Enoteca** (Weinhandlung mit Verkostung) sollte man sich nicht entgehen lassen. Aber auch die handwerkliche und industrielle Produktion der Seenregion ist ausgeprägt. So ist Como seit Jahrhunderten ein Weltzentrum der **Seiden- und Kunstseidenverarbeitung** und nördlich vom Orta-See haben **Alessi** und andere bekannte Küchengeräteproduzenten ihren Sitz. In der Regel lohnt es sich, in Outlet Stores oder direkt bei den Herstellern einzukaufen: die Schilder *»Punto vendita diretta«* weisen den Weg.

Beim **Schlussverkauf** (*saldi*) im Juli/August erhält man die elegante und formschöne italienische Schuhmode zu recht günstigen Preisen.

Auch an Märkten herrscht kein Mangel: Fliegende Händler besuchen reihum die großen Uferstädte und jeden Wochentag findet in einem anderen Ort ein großer **Straßenmarkt** statt, wo ein buntes Allerlei an Waren angeboten wird. Die Preise sind durchweg günstig und man kann so manches Schnäppchen machen (vor allem zum Marktende hin ist auch Handeln oft gut möglich), gefälschte Markenartikel sind allerdings gängige Handelsware.

Besonders vielseitig zeigen sich die **Antiquitäten- und Flohmärkte** (*Mercatino di Antiquariato* bzw. *Mercatino delle pulci*), die einmal oder mehrmals monatlich in verschiedenen Orten an den Seen abgehalten werden, aber auch in den nahen Städten, z. B. in Bergamo. Und schließlich ist auch die Modemetropole **Mailand** nicht weit, wo man – mit dem nötigen Kleingeld ausgestattet – direkt bei z. B. Armani kauft oder aber in Secondhandshops (sogenannten Stocks) auf Suche geht.

Essen und Trinken

Davon träumt man: Der Blick auf den See in der letzten Abendsonne, ein Glas perlender Weißwein, dazu ein paar leckere Antipasti oder eine zarte Seeforelle ... Erlebnisse wie diese sind es, die einen Urlaub oft zur bleibenden Erinnerung machen. An den Oberitalienischen Seen kann man sich diese Träume erfüllen. Doch leider verleitet der touristische Massenandrang auch zu Unsitten. Dort, wo sich die Sommergäste ballen, also in der Regel direkt am See, sind häufig überschaubare Portionen, mäßige Qualität und hohe Preise üblich. Je weiter man sich mancherorts vom Wasser entfernt, umso mehr Mühe geben sich die Wirte: dieselbe Qualität in größerer Menge für weniger Geld. So kann man sich mit ungetrübtem Genuss, oft in Panoramalage, der traditionellen italienischen **Speisenfolge** hingeben:

Zunächst ein oder mehrere *antipasti* (Vorspeisen), danach der *primo piatto* (erster Gang), meist Nudeln (Pasta) oder Reis, dann kommt der Hauptgang namens *secondo*, entweder Fleisch oder Fisch, dazu ein *contorno* (Beilage, extra zu zahlen), zum Schluss das *dessert*. Da alles zusammen nicht ganz preiswert ist, kann man sich natürlich auch mit einzelnen Gängen begnügen. In Touristenorten werden auch häufig sogenannte Festpreismenüs angeboten, *menu a prezzo fisso* oder *menu turistico* genannt. Damit fährt man dann weitaus günstiger, allerdings ist die Qualität nicht immer befriedigend.

Steile Ansichten in Ascona

Denken Sie auch daran, dass in den meisten Restaurants für *servizio* (Bedienung) und *pane e coperto* (Brot und Gedeck) ein Extrabetrag von einigen Euro aufgeschlagen wird, aus Konkurrenzgründen haben manche Wirte dieses jahrzehntealte, in ganz Italien gültige System allerdings mittlerweile ad acta gelegt.

Die kulinarische Spannbreite des Seengebiets reicht von der deftig-alpenländischen Küche des Trentino über die Lombardei bis hinüber ins Tessin und Piemont, von Speck bis Risotto, vom allgegenwärtigen gelben Maiskuchen Polenta bis zur kalten Platte ist alles vertreten.

Doch die eigentliche Spezialität sind natürlich die **Fische**, von denen es viele Dutzend Arten gibt. Trotzdem ist der Beruf des Seefischers fast schon ausgestorben, denn die begehrtesten Speisefische werden mittlerweile weitgehend gezüchtet. Besonders geschätzt wird der lachsartige *carpione* mit seinem wohlschmeckenden weißen Fleisch, aber auch der *lavarello* bzw. *coregone* (Renke bzw. Blaufelchen) gehört zu den Favoriten, ebenso wie die *trota salmonata* (Lachsforelle), die man an der rötlichen Farbe ihres Fleisches erkennt. Der beliebte *pesce persico* (Flussbarsch) wird meist mit Risotto gereicht, *luccio* (Hecht) als Vorspeise mit Polenta. Der Ort Clusane am Iseo-See schließlich ist in ganz Oberitalien für seine Schleien bekannt, ein typisch lombardisches Gericht ist die im Ofen gebackene *tinca ripiena* (gefüllte Schleie). Im Tessin wird gern *pesce in carpione* gegessen, ein marinierter Fisch in Essig- und Kräutersoße mit Wurzelgemüse.

Eine besonders leckere **Trentiner Spezialiät** ist *carne salada e fasoi*, das sind hauchdünn geschnittene Scheiben von gepökeltem Rindfleisch, gegrillt in Olivenöl und serviert mit weißen Bohnen. *Canederli* heißen die typischen Knödel der Region, *strangolapreti* – Priesterwürger – sind leckere Spinat-Klößchen aus Brotteig, eine Art Gnocchi, die fast auf der Zunge zergehen.

An den großen **lombardischen Seen** Lago di Como und Lago Maggiore könnte man einmal eines der traditionellen Spießgerichte ordern, z. B. die *spiedini di vitello* (Kalbfleischspießchen), berühmt ist außerdem *ossobuco,* Scheiben von der Kalbshaxe mit Knochen und viel Wurzelgemüse in Wein geschmort und mit Reis (risotto milanese, safrangelb) serviert.

Die **Tessiner Küche** kann sich dem lombardischen Einfluss nur bedingt entziehen, auch hier wird als Beilage überall Polenta gereicht, z. B. zum Schmorbraten *brasato*. Beliebt ist auch die »Tessiner Platte«, Aufschnitt von gekochtem Schinken, Salami, Rauchfleisch und Käse. Eine urtypische Tessiner Eigenart sind die »Grotti«: Frühere Felsenkeller oder Höhlen, in denen Vorräte gelagert waren, wurden zu einfachen Gastwirtschaften mit schattigen Terrassen umgebaut, wo man an klobigen Tischen im Freien sitzt und traditionelle Gerichte wie kalte Platten, Polenta und Braten genießt, dazu schmeckt der herbe Hauswein.

Aus dem **Piemont** stammen die dünnen Brotstangen namens *grissini*, die zu jeder Mahlzeit gereicht werden und mittlerweile in ganz Italien verbreitet sind. Im Piemont liegen aber auch die größten Reisfelder des Landes, *risotto* und andere Reisgerichte gehören zu den Standardangeboten vieler Restaurants. *Bollito misto* meint verschiedene gekochte Fleischsorten wie Rind, Huhn und Kalb, die zusammen geschmort werden. Ansonsten spielt im Piemont Käse, besonders geschmolzener, eine große Rolle, *fondue alla valdostana* steht oft auf der Speisekarte.

Die bei den Restaurant-Empfehlungen im Buch aufgeführten Preisklassen beziehen sich auf den durchschnittlichen Preis für ein Hauptgericht.

€ – untere Preislage (bis 18 Euro)
€€ – mittlere Preislage (18 bis 28 Euro)
€€€ – gehobene Preislage (über 28 Euro)

Feiertage, Feste

Lassen Sie sich vor Ort die aktuellen Veranstaltungskalender geben, denn während der Saison wird eigentlich immer irgendwo etwas geboten: Feuerwerk, Regatten, sportliche Meisterschaften, Konzerte, Festivals, Feste zu Ehren der örtlichen Schutzheiligen, Weinfeste, Märkte... Ein Höhepunkt im Festjahr sind die weltbekannten **Opernfestspiele** in der römischen Arena von Verona (Anfang Juli bis Anfang September). Aus vielen Seeorten gibt es organisierte Touren dorthin.

Gesetzliche Feriertage:

1. Januar: **Capodanno** (Neujahrstag)
6. Januar: **Epifania/La Befana** (Dreikönigstag)
Ostersonntag/-montag: **Pasqua/ Lunedì dell'Angelo**
25. April: **Anniversario della Liberazione** (Jahrestag der Befreiung vom Faschismus)
1. Mai: **Festa dei Lavoratori** (Tag der Arbeit)

Festival mit Tradition: JazzAscona in Ascona am Lago Maggiore

2. Juni: **Festa della Repubblica** (Tag der Gründung der Republik)
15. August: **Assunzione di Maria Vergine/Ferragosto** (Mariä Himmelfahrt)
1. November: **Ognissanti** (Allerheiligen)
8. Dezember: **Immacolata** (Mariä Empfängnis)
25. Dezember: **Natale** (Weihnachten)
26. Dezember: **Santo Stefano** (Tag des hl. Stephanus).

Geld, Kreditkarten

Anders als in der EU wird in den Schweizer Gebieten am Lago Maggiore und Luganer See in Schweizer Franken gezahlt, € 1 entspricht CHF 0,96 (März 2024).

Geldautomaten sind flächendeckend vorhanden, mit Bank- oder Kreditkarte kann man rund um die Uhr problemlos Geld abheben. Die Banken (auch die heimischen) lassen sich das meist mit einem Aufschlag von etwa € 5 bezahlen.

Die gängigen Kreditkarten werden fast überall auch bei kleinen Beträgen akzeptiert.

Hinweise für Menschen mit Handicap

Die Seenregion ist in weiten Teilen hüglig bis bergig, oft steigen die Hänge bereits wenige Meter vom Seeufer entfernt steil an, die Gassen sind eng und nicht selten fehlen Gehsteige – insgesamt also kein einfaches Terrain für Menschen mit Handicap. Die Seeorte selber sind jedoch oft flach, haben verkehrsberuhigte Zentren und schöne, lange Uferpromenaden, wo man die Panoramen genießen kann. Auch Schiffsfahrten können eine erfreuliche Abwechslung bieten. Die Unterkünfte besitzen nur selten behindertengerechte Einrichtungen, für neu gebaute Hotels sind jedoch Treppenlifte, spezielle Toiletten und andere Vorrichtungen mittlerweile Vorschrift.

Internet

In den meisten Hotels und vielen Restaurants kommt man mit einem frei zur Verfügung gestellten Code über das eigene Gerät kostenlos ins Internet, ansonsten gilt innerhalb der EU, dass man zum selben Tarif surft wie zu Hause. In vielen Gemeinden rund um die Seen gibt es WLAN kostenlos (z. B. Verbania Intra am Lago Maggiore).

Internetadressen:

Iseo-See: visitlakeiseo.info
Comer See: www.comersee-info.de, www.lagodicomo.com, www.comolake.com, www.larioonline.it
Luganer See: www.ticino.ch, www.luganoregion.com/de
Lago Maggiore: www.reisefuehrer-lagomaggiore.de, www.lago-maggiore.de, www.derlagomaggiore.de, www.distrettolaghi.it

Klima, Kleidung, Reisezeit

Das **Klima** der Oberitalienischen Seen ist ganzjährig mild und war schon im 19. Jahrhundert ausschlaggebend für die Besuche kränkelnder Adeliger, asthmatischer Künstler (z. B. Kafka) und der Königsfamilien. Die natürlichen Gegebenheiten sind fast ideal: Die hohen Berge bilden einen schützenden Riegel nach Norden, bieten in der heißen Jahreszeit aber auch den nötigen Hauch von Frische, zusätzlich wirken die großen Wassermassen ausgleichend. Im Winter fällt so das Thermometer nur selten unter den Gefrierpunkt, während die Hochsommer nicht so unbarmherzig heiß und drückend sind wie in der nahen Poebene. Bei der Auswahl eines Urlaubsortes sollte man berücksichtigen, dass die südlichen Seeregionen wärmer sind als die nördlichen Bereiche.

Je nachdem, in welcher Hotelkategorie man sich einquartiert, reicht **Freizeitkleidung** oder man braucht für den Abend ein Jackett bzw. ein Kostüm oder Kleid. Unbedingt mitzunehmen sind auch im Sommer Regenschutz und für die höheren Regionen bzw. für längere Fahrten auf den Seen Pullover, Strickjacke und eine Windjacke. Erst recht bei Reisen in Frühjahr oder Herbst.

Mitte **März** beginnt die Reisesaison, Surfer finden dann optimale Windverhältnisse, Badetemperaturen werden jedoch erst im Frühsommer erreicht. Der warme **Mai** ist ideal für Aktivurlauber, Kultur- und Landschaftsreisende, ebenso die erste Junihälfte. Dann kommt die heiße Zeit und mit ihr die Badesaison. Im **August** sind die Badeorte an den Seen überfüllt, Staus auf den Uferstraßen sind dann die Regel.

Im **September** beginnen in Deutschland und Italien wieder die Schulen, an den noch badewarmen Seen wird es ruhig und beschaulich, eine gute Zeit für Individualisten. Im **Oktober** sind die Trauben reif, was allerorts mit Weinfesten gefeiert wird, in den höheren Lagen werden die Pilze geerntet und Bergwanderer genießen die warme Herbstsonne. Jetzt kann es im Bereich der Seen aber auch zu sintflutartigen Regenfällen kommen, die nicht selten mit Erdrutschen und Überschwemmungen einhergehen.

Medizinische Versorgung

Mit der Europäischen Krankenversicherungskarte wird man in allen Krankenhäusern im EU-Ausland behandelt, ohne die Kosten vorstrecken zu müssen. In allen italienischen Urlaubsgebieten gibt es während der Saison in so gut wie jedem Ort eine ***Guardia medica turistica***, in der angehende Ärzte Erste Hilfe leisten. Die Behandlung dort ist vergleichsweise günstig.

Niedergelassene Ärzte müssen meist bar bezahlt werden. Erfahrungsgemäß fallen die ärztlichen

Honorare in Urlaubsgebieten hoch aus, doch gegen eine ordnungsgemäße Quittung *(ricevuta)* erhalten Sie Ihre Ausgaben von Ihrer Kasse ganz oder anteilig zurückerstattet. Falls Ihnen ein Rezept verschrieben wurde, werden auch die Apothekenkosten vergütet.

In Apotheken *(farmacia)* sind viele Medikamente rezeptfrei erhältlich. Der Abschluss einer **Auslandskrankenversicherung** ist wir für jede Reise unerlässlich, die Kosten sind gering.

Mit Kindern an den Oberitalienischen Seen

Für junge Familienmitglieder gibt es eigentlich immer etwas zu tun, vorausgesetzt das Wetter spielt mit. Allerdings muss man sich darauf einstellen, dass die meisten **Badebereiche** an den Seeufern nicht aus Sand, sondern aus feinem bis grobem Kies oder fester Erde bestehen. Auch im Wasser ist steiniger Untergrund häufig, Badeschuhe sind deshalb vorteilhaft, vor allem für Kleinkinder. Angenehm ist, dass sich baumbestandene Wiesen oft bis dicht ans Wasser ziehen und Schattenplätze am See daher keine Seltenheit sind.

Fast überall werden Tretboote und Kanus vermietet, auch Spielplätze sind relativ häufig anzutreffen und Minigolf kann man ebenfalls in vielen Seeorten spielen. Aber das Beste – man kann mit einem echten Schiff auf den See hinausfahren, die **Seeschifffahrt** bietet dafür auf den großen Seen an sehr vielen Stellen Möglichkeiten.

Große Vergnügungsparks wie im Umkreis vom Gardasee (www.canevaworld.it, www.gardaland.it) findet man an Lago Maggiore, Luganer und Comer See zwar nicht, aber es gibt z. B. in Angera am Lago Maggiore ein **Puppen- und Spielzeugmuseum** in einer echten Burg, in Melide am Luganer See den bei Jung und Alt beliebten Park **Swiss Miniatur** mit Sehenswürdigkeiten und Landschaftsbildern im Kleinformat, in Bellano am Comer See die dramatische Wildwasserklamm **L'Orrido** und nördlich vom Iseo-See den **Archeopark**, in dem die Steinzeit wieder lebendig wird.

Außerdem locken vor allem im Tessin um den Luganer See mehrere Gondellifte, Zahnrad- und Standseilbahnen, aber auch bei Stresa und Laveno Mombello am Lago Maggiore.

Nachtleben

Die Region der Oberitalienischen Seen ist eher geruhsamen Zuschnitts. Ein Nachtleben mit Diskotheken, Nachtbars und Pubs pulst in Locarno/Ascona (Lago Maggiore), Lugano (Luganer See), Como und Lecco (Comer See) sowie Iseo (Iseo-See), außerdem in den nicht direkt an den Seen liegenden Städten Trento und Bergamo.

In Mailand (Milano) gibt es zahlreiche und auch bekannte Diskotheken und das Vergnügungsviertel um die *navigli* (Kanäle) im Süden der Stadt verspricht jeden Abend Abwechslung in Bars, Musikkneipen und Pubs.

Notfälle, wichtige Rufnummern

Allgemeine EU-Notrufnummer
✆ 112
Polizei *(polizia)*
✆ 112 (Schweiz ✆ 117)
Notruf *(pronto soccorso)*
✆ 118/113 (Schweiz ✆144)
Feuerwehr *(vigili del fuoco)*
✆ 115 (Schweiz ✆ 118)

Zentrale Sperrnummer: +49 116 116
Pannendienst des italienischen Automobilclubs ACI *(soccorso stradale)* ✆ 116 (Schweiz ✆ 140)
Notrufdienst (dt.) des ADAC ✆ +49 89 22 22 22, Pannenhilfe unter ✆ 803 116 und ✆ 800 11 68 00

Öffnungszeiten

Banken sind im Allgemeinen Mo–Fr 8.30–13.30 Uhr geöffnet, gelegentlich auch noch nachmittags, **Postämter** Mo–Fr 8.15–14, Sa 8.15–12/13 Uhr (in Städten auch oft bis abends), **Apotheken** tägl. außer So 8.30–13 und 16.15–19.45 Uhr. Regional können diese Zeiten schwanken. **Geschäfte** öffnen oft Mo–Sa 8/9–12.30/13 und 16/17–19.30/20 Uhr. Vor allem Souvenirläden und andere Geschäfte mit touristischem Bedarf schließen aber in der Saison selten vor 22 Uhr und haben teils auch So geöffnet.

Die Öffnungszeiten von **Kirchen** und **Museen** ändern sich häufig, erkundigen Sie sich deshalb aktuell vor Ort oder online. Im Allgemeinen kann man davon ausgehen, dass Kirchen 7–12 und 16–19 Uhr meistens offen sind. Museen haben in der Regel montags Ruhetag.

Generell ist die sogenannte **Siesta** etwas gewöhnungsbedürftig: Zwischen 13 und 16 Uhr ist sehr vieles geschlossen, dafür wird abends länger aufgemacht.

Post

Briefe und Postkarten werden von Italien ins Ausland per »Posta Prioritaria« verschickt, das dauert ca. drei Tage. Eine Postkarte kostet € 1,25, in Länder außerhalb Europas ca. € 2,40.

Wird in der Schweiz eine schnelle Priority-Beförderung gewünscht (drei bis fünf Tage), zahlt man für eine Sendung ins europäische Ausland CHF 1,50, in alle übrigen Länder CHF 2.

Presse

Die großen Tageszeitungen und Illustrierten aus Deutschland, Österreich und der Schweiz sind in den meisten Orten ohne Zeitverzögerungen erhältlich. Es gibt Dutzende von regionalen Rundfunksendern und Fernsehstationen, deutsche Satellitenprogramme kann man in den Hotels empfangen.

Rauchen

In allen Gastro-Betrieben Italiens gilt Rauchverbot. Lediglich in abgeschlossenen Räumen mit separater Lüftung dürfen Raucher immer noch Ihrer Sucht nachgehen, doch solche Räume gibt es kaum. Zum Qualmen muss man also in aller Regel nach draußen, was von den klimatischen Gegebenheiten her im Allgemeinen ja nicht schwerfällt.

2006 zog das Tessin als erster Schweizer Kanton nach und verhängte ein Rauchverbot in Gaststätten, öffentlichen Gebäuden und Zügen, das seit 2010 landesweit gilt.

Die Galleria Vittorio Emanuele II in Mailand bei Nacht

Sicherheit

Besondere Vorsicht ist bei der An- und Abreise auf Autobahnrastplätzen geboten. Lassen Sie nichts Wertvolles im Auto und lassen Sie nicht das Handschuhfach offen, um zu zeigen, dass es nichts enthält. Deponieren Sie ihre Wertsachen immer im Safe Ihres Hotels und tragen Sie in größeren Menschenansammlungen ihre Geldbörse nicht ungeschützt in der Gesäßtasche. Besonders in Mailand sollte man stets ein Auge auf seine Siebensachen haben.

Sport und Erholung

Bei sportlichen Urlaubern sind vor allem die nördlichen Abschnitte der Seen begehrt, denn dort wehen die berühmten Winde, der Tivano aus Norden und die Breva aus Süden, die das zuverlässige Surfen, Segeln und Paragliden ermöglichen. Bekanntestes **Surfdomizil** ist das Dorf Domaso am oberen Comer See, wo Campingplätze dicht an dicht liegen und sich die Surfer direkt davor in die Fluten stürzen können.

Lenkdrachensegler auf dem Lago di Como

Drachenflieger treffen sich eher im gegenüberliegenden Colico bzw. an den Hängen des dahinter aufsteigenden Monte Legnone. Wegen der zuverlässigen Windverhältnisse gibt es auch viele Segelschulen und in der Sommersaison finden Regatten statt, vor allem auf dem Seearm von Lecco (Comer See).

Dazu kommt die vielfältige Bergwelt mit zahlreichen **Wanderwegen, Mountainbikerouten und Klettersteigen**. Vor allem das bergige Hinterland im Südosten des Comer Sees ist bei Bergwanderern beliebt. Etliche Wege wurden vom italienischen Alpenverein markiert (Nummerierung und rot-weiß-rote Farbgebung) und sind in den einschlägigen Karten eingezeichnet, Tipps und Routenvorschläge gibt es bei den Fremdenverkehrsämtern.

Wer es etwas weniger abenteuerlich liebt, kann sich auf einer ganzen Reihe von **Golfplätzen** sportlich betätigen, z.B. in der Gegend Franciacorta südlich des Iseo-Sees, aber auch in der Region von Como (Comer See), bei Stresa (Lago Maggiore) und im Tessin, nämlich bei Lugano und Ascona.

So mancher Urlauber möchte in den fischreichen Seen sicher auch gern seine **Angel** auswerfen, doch dafür muss ein Angelschein beantragt werden, Auskünfte erteilen die Fremdenverkehrsämter.

Skifahrer finden geeignete Hänge auf der Cimetta bei Locarno, an den Hängen des Mottarone zwischen Stresa und Lago d'Orta und in der Valassina im südöstlichen Bereich des Comer Sees.

Schwimmen kann man in allen Seen, wobei die Wasserqualität in den nördlichen Abschnitten generell besser ist. Leider gibt es bislang weder an Iseo-See, Luganer See, Comer See noch Lago Maggiore eine Ringkanalisation, die Industrie leitet hier und dort

Abwässer ein und nicht jeder Ort verfügt über eine Kläranlage. Die besten natürlichen Voraussetzungen für sauberes Wasser besitzt der Lago Maggiore, da er mit dem Ticino über den kräftigsten Zu- und Ablauf verfügt.

Strom

Strom fließt mit 220 oder 230 Volt. Falls einmal ein Stecker nicht in die Steckdose passt, kann man in Elektrogeschäften Adapter *(adattatore)* kaufen bzw. im Hotel ausleihen. Auch in Deutschland, Österreich und der Schweiz sind sie im Fachhandel erhältlich.

Telefonieren

Auf öffentliche Telefone, die mit **Telefonkarten** *(scheda telefonica)* funktionieren ist im Zeitalter der Handys und dem kostenlosen Telefonieren mit WhatsApp fast niemand mehr angewiesen.

Wichtig: Die **Ortskennzahl inklusive der Null** muss innerhalb von Italien immer mitgewählt werden. Wenn Sie aus Italien ins Ausland telefonieren, entfällt dagegen die Null der Ortsvorwahl.

Das **Handy** *(cellulare)* wählt sich jeweils ins stärkste der italienischen Handynetze ein. Die Roaming-Gebühren sind in der EU seit Juni 2017 abgeschafft.

Allerdings gilt das in der Schweiz nicht. Die Gebühren, auch für das Surfen, das Empfangen von Nachrichten und das Verschicken oder Herunterladen von Fotos mit dem Handy können ziemlich teuer werden. Wer die Schweiz nur kurz durchquert, schaltet am besten das Roaming aus, um Kosten zu reduzieren. Man kann eine Prepaid-Karte aus der Schweiz in sein Handy legen oder bei seinem Provider für die Zeit des Aufenthalts eine günstigere Tarifoption für die Schweiz hinzubuchen.

Wenn Sie eine **ausländische Mobiltelefonnummer** anwählen, müssen sie die anfängliche 0 weglassen.

Vorwahl Italien ✆ + 39
Vorwahl Deutschland ✆ + 49
Vorwahl Schweiz ✆ + 41
Vorwahl Österreich ✆ + 43

Trinkgeld

Hier bleibt jedem selbst überlassen, inwieweit er aufrundet, gern gesehen wird es immer. Im Restaurant wird die Rechnung diskret verdeckt auf einem Teller gereicht. Man legt sein Geld darauf und erhält das genaue Wechselgeld zurück. Falls man zufrieden war, lässt man etwas auf dem Teller liegen. Denken Sie daran, dass der Posten *Servizio* (Bedienung) in vielen Rechnungen schon enthalten ist.

Unterkunft

Die Oberitalienischen Seen gehören zu den wichtigsten Urlaubsregionen Italiens. Dementsprechend finden sich Unterkünfte aller Art – von der historischen Villa mit Seeblick bis zur schlichten Pension im alten Stadthaus, vom ländlichen Agriturismo-Betrieb in den Bergen bis zum komfortablen Vier- und Fünfsternehotel im üppigen Landschaftsgarten, dazu kommen Ferienwohnungen in stetig wachsender Zahl, Privatzimmer sowie Dutzende von Campingplätzen.

Jugendherbergen gibt es ebenfalls: am Comer See in Como, Menaggio und Domaso, am Lago Maggiore in Locarno und Verbania Pallanza, außerdem in Lugano-Savosa und für die Trentiner Seen in Trento.

Mondäne Unterkunft: Luxushotel in Stresa am Lago Maggiore

Die **Preise** sind je nach Saison deutlich unterschiedlich. Während man im frühen Frühling oder späten Herbst so manches Schnäppchen machen kann, ziehen die Preise im Hochsommer stark an. In vielen Hotels ist dann Halbpension obligatorisch, das heißt, es wird Übernachtung mit Frühstück und mindestens einer Mahlzeit berechnet, oft wird auch ein Mindestaufenthalt von drei Tagen verlangt. Für die Monate Juli und August ist eine frühzeitige Reservierung sehr ratsam, am besten noch im Vorjahr.

Das **Frühstück** fällt wie im gesamten Süden oft karg aus, wobei mittlerweile selbst kleinere Hotels in der Regel gute Buffets anbieten.

Die örtlichen Behörden erstellen Unterkunftsverzeichnisse *(Annuario degli Alberghi)* ihrer Region bzw. Provinz oder Stadt. Man bekommt sie aber nur noch selten in Druckform zugeschickt, erhält sie jedoch kostenlos bei den lokalen Informationsämtern, die gelegentlich auch bei der Quartiersuche helfen.

Verkehrsmittel

Bahn

An den Ostufern von Lago Maggiore, Comer See und Lago d'Orta verkehren die italienischen Staatsbahn **Trenitalia** und die regionale Bahn **Trenord**. Ebenfalls ans Bahnnetz angebunden ist das südliche Westufer des Lago Maggiore von Angera über Stresa und Baveno, in der anderen Richtung kommt man hier rasch ins nahe Mailand.

Die private **Trenord** (www.trenord.it), eine Tochtergesellschaft der **Ferrovie Nord Milano** (FNM), fährt tagsüber fast stündlich von Brescia über Iseo am Ostufer des Sees entlang bis Pisogne und weiter die Valcamonica hinauf bis Edolo und zurück. Dieselbe Gesellschaft pendelt auch etwa stündlich zwischen Como und Mailand. Die TILO-Bahn (Ticini Lombardia) verbindet mit modernen Zügen den Schweizer Norden des Lago Magggiore u.a. mit Mailand (www.tilo.ch).

Ein besonderer Leckerbissen für Bahnfans ist die berühmte **Ferrovia delle Centovalli** (Centovalli-Bahn) mit ihren großartigen bahntechnischen Bauten von Locarno am Nordende des Lago Maggiore durchs Tal der Melezza nach Domodossola (vgl. S. 64).

Bus

Das öffentliche Linienbusnetz an den Seen ist recht unterschiedlich ausgebaut. Während die wichtigen Orte in der Urlaubssaison tagsüber von etwa 6.30 bis 20 Uhr im ein- bis zweistündigen Rhythmus angefahren werden und zum Teil sogar mit Bergamo, Brescia und Mailand verbunden sind, erreicht man kleinere Ortschaften oft nur ein- oder zweimal am Tag.

Die Tickets kann man vor Fahrtantritt im nächsten Zeitschriftenladen oder Tabakgeschäft kaufen, meist kenntlich durch den Aushang *»biglietti«* o.Ä., im Bus muss man einen kleinen Aufschlag zahlen. Fahrpläne sind überall in den Informationsbüros erhältlich.

Schiff

Zumindest einmal sollte man einen der Seen auch ausgiebig per Schiff befahren haben, denn der Reiz der südlichen Alpengewässer erschließt sich vom Wasser aus ganz neu. Auf den großen Seen pendeln Fähren und wesentlich schnellere (und teurere) Tragflügelboote zwischen den meisten Orten, manche werden fast stündlich angelaufen, andere nur ein- bis zweimal am Tag. Ergänzend kann man Lago Maggiore und Comer See mehrmals täglich in der Seemitte überqueren und dabei sogar das Auto mitnehmen, so spart man eine etwaige zeitraubende Seeumrundung.

Die Fahrkarten erwirbt man jeweils an der Abfahrtsmole, Kinder von vier bis zwölf Jahren zahlen die Hälfte, teils gibt es ermäßigte Ein- oder Mehrtagespässe und Sonderfahrkarten, wenn man mehrere Strecken bucht. Alle Verkaufsstellen vergeben detaillierte Fahrpläne.

Die Fähren nehmen auch Fahrräder mit. Als touristischer Service werden im Sommer Kreuzfahrten angeboten, mit Restaurant/Bar an Bord. Informationen erhält man in Italien unter der kostenlosen ✆ 800 55 18 01 und unter www.navigazionelaghi.it.

Navigazione Lago d'Iseo
Via Nazionale 16
I-24062 Costa Volpino
✆ 035 97 14 83
www.navigazionelagoiseo.it

Navigazione Lago di Como
Via per Cernobbio 18
I-22100 Como (CO)
Località Tavernola
✆ 031 57 92 11
www.navigazionelaghi.it

Navigazione Lago di Lugano
Viale Castagnola 12
CH-6906 Lugano
✆ (091) 222 11 11
www.lakelugano.ch

Navigazione sul Lago Maggiore
Via F. Baracca 1
I-28041 Arona (NO)
✆ 03 22 23 32 00
www.navigazionelaghi.it

Navigazione Lago d'Orta
Via Curotti 36
I-28887 Omega
✆ 03 45 517 00 05
www.navigazionelagodorta.it

Zoll

Innerhalb der EU dürfen Waren zum eigenen Verbrauch unbegrenzt ein- und ausgeführt werden. Überschreitet man allerdings die im Richtmengenkatalog (www.zoll.de) festgesetzten Mengen (z. B. 800 Zigaretten), muss man im Fall einer Stichprobenkontrolle glaubhaft machen, dass diese Mengen nur für den persönlichen Verbrauch bestimmt sind. Für den Transport von Wein sind keine Richtlinien festgelegt.

In die Schweiz dürfen 250 Zigaretten, ein Liter Spirituosen und fünf Liter Wein sowie sonstige Waren im Wert von CHF 300 zollfrei eingeführt werden. Beim Transfer durch die Schweiz kann man aber für seine Weinkisten bei der Einreise eine Kaution zahlen, die man bei der Ausreise zurückerhält. ■

Vor Anker in Varenna

Die wichtigsten Wörter für unterwegs

Buon giorno! Wer kennt diese Begrüßung nicht? Sie wird in Italien bis 12 Uhr mittags verwendet, danach sagt man schon *buona sera*. Beides sind sehr höfliche Ausdrücke, sie werden überall da benutzt, wo gesiezt wird. *Ciao* ist Begrüßung ebenso wie Verabschiedung, wird aber nur verwendet, wenn man sich nahe steht.

Wenn Sie ein öffentliches Lokal oder Büro verlassen, sagen Sie besser *arrivederci* oder *buon giorno* bzw. *buona sera*. *Buona notte* sagt man dann, wenn man sich verabschiedet, um ins Bett zu gehen.

Wenn Sie eine Wohnung betreten, auch beim Besuch guter Bekannter, sollten Sie immer *permesso* (gestatten) rufen und warten bis die Antwort kommt: *avanti* (herein).

Keine Panik, wenn Sie befürchten, zwar eine Frage stellen zu können, die Antwort aber nicht verstehen – Italiener haben eine sehr ausgeprägte Körpersprache. Im Übrigen wissen Sie ja: *Si* heißt ja, *no* nein. Und vergessen Sie nicht, sich zu bedanken – *grazie!*

Alltag, Umgangsformen

Buon giorno!	Guten Tag!
Buona sera!	Guten Abend!
Buona notte!	Gute Nacht!
Ciao!	Hallo!
Come stai?	Wie geht es dir?
Come sta?	Wie geht es Ihnen?
Arrivederci!	Auf Wiedersehen!
Buon viaggio!	Gute Reise!
Ciao!	Tschüss!
A presto!	Bis bald!
A domani!	Bis morgen!
Molto piacere di averti conosciuto.	Schön, dich kennengelernt zu haben.
sì/ no/ forse	ja/nein/vielleicht
Mi chiamo …	Ich heiße …
Come ti chiami?	Wie heißt du?
Come si chiama?	Wie heißen Sie?
Scusi!	Entschuldigen Sie!
Grazie mille!	Vielen Dank!
Prego!	Bitte schön!/- Keine Ursache!

Übrigens: In Italien gibt es zwei Ausdrücke für »bitte«: *per favore* und *prego*. Bitten Sie jemanden um eine Gefälligkeit, verwenden Sie *per favore*. Ansonsten heißt es *prego*.

Falls Sie nicht alles verstehen (zugegeben: die Italiener sprechen ganz schön schnell), können Sie sagen: *Non ho capito. Per favore, parli più lentamente.*

Wenn auch das nichts hilft, bleibt noch die Möglichkeit, sich das Gesagte aufschreiben zu lassen: *Me lo scriva, per favore.*

Autofahren

Sollten Sie mit dem Auto unterwegs sein, können Sie die folgenden Vokabeln sicher gut gebrauchen, an jeder Tankstelle und im alltäglichen Straßenverkehr. Und falls Sie mal eine Werkstatt nötig haben …

Was auf Straßenschildern steht

lavori in corso	Bauarbeiten
deviazione	Umleitung
pedaggio autostradale	Autobahngebühr
strada senza uscita	Sackgasse
senso unico	Einbahnstraße
il divieto di parcheggio	Parkverbot
zona disco	Parken mit Parkscheibe
attenzione uscita veicoli	Vorsicht Ausfahrt
tornante	Kurve

Rund ums Auto

La mia macchina è stata forzata.	Mein Auto ist aufgebrochen worden.
Mi hanno rubato …	Man hat mir … gestohlen.
Mi dia il Suo nome e il Suo indirizzo/ il nome	Geben Sie mir bitte Ihren Namen und Ihre An-

della Sua assicurazione, per favore.	schrift/Ihre Versicherung an.
Mi occorre una copia della denuncia per la mia assicurazione.	Ich brauche eine Kopie der Anzeige für meine Versicherung.
Non è colpa mia.	Es ist nicht meine Schuld.
Lei andava troppo forte.	Sie sind zu schnell gefahren.
la patente	Führerschein
I Suoi documenti, per favore.	Ihre Papiere, bitte.
Lei non ha rispettato la precedenza.	Sie haben die Vorfahrt nicht beachtet.
Lei non ha mantenuto la distanza di sicurezza.	Sie sind zu dicht aufgefahren.
Andavo a … chilometri all'ora.	Ich bin ... km/h gefahren.
l'autostrada	Autobahn
l'incrocio	Kreuzung
il semaforo	Ampel
il parcheggio	Parkplatz
il parchimetro	Parkuhr
il distributore automatico di biglietti per il parcheggio	Parkscheinautomat
Posso parcheggiare qui?	Kann ich hier parken?
la cintura di sicurezza	Sicherheitsgurt
il distributore	Tankstelle
la benzina	Benzin
senza piombo	bleifrei
il gasolio	Diesel
Il pieno, per favore.	Volltanken, bitte.
Per favore, controlli la pressione delle gomme.	Prüfen Sie bitte den Reifendruck.
andare	fahren
sorpassare	überholen
voltare	wenden
a destra/a sinistra/sempre diritto	rechts/links/geradeaus
attraversare	überqueren
l'ammenda	Bußgeld
la pianta della città	Stadtplan
la sicurezza	Sicherheit
l'ingorgo	Stau

In officina	**In der Werkstatt**
Ho avuto un incidente.	Ich habe einen Unfall gehabt.
Ho un guasto.	Ich habe eine Panne.
Ho una gomma a terra.	Ich habe einen Platten.
La macchina non parte.	Mein Wagen springt nicht an.
La batteria è scarica.	Die Batterie ist leer.
I freni non sono a posto.	Die Bremsen funktionieren nicht.
l'officina	Werkstatt
l'olio del motore	Motoröl
il cambio dell'olio	Ölwechsel
il motore	Motor
il cambio	Getriebe
la candela	Zündkerze
il parafango	Kotflügel
il carburatore	Vergaser
la freccia	Blinker
la ruota	Reifen
il motorino d'avviamento	Anlasser
il tergicristallo	Scheibenwischer
il parabrezza	Windschutzscheibe
il faro	Scheinwerfer
il radiatore	Kühler

Einkaufen

Quanto costa?	Wieviel kostet das?
i soldi	Geld
la cassa	Kasse
spendere	ausgeben
pagare	bezahlen
l'offerta speciale	Sonderangebot
vendere	verkaufen
la vetrina	Schaufenster
Un po' di meno, per favore.	Etwas weniger, bitte.
Un po' di più, per favore.	Etwas mehr, bitte.
più piccolo/più grande	kleiner/größer
Dove posso trovare …?	Wo bekomme ich …?
Vorrei …	Ich hätte gerne …
Per favore, mi dia un pacco di …	Geben Sie mir bitte eine Packung …
Per favore, mi faccia vedere …	Zeigen Sie mir bitte …
Dica, prego!	Bitte schön! (Sie wünschen?)
Posso aiutarLa?	Kann ich Ihnen helfen?
Lo posso provare?	Kann ich das anprobieren?
Accetta carte di credito?	Nehmen Sie Kreditkarten?
Vorrei qualcosa di meno caro.	Ich hätte gerne etwas Billigeres.
troppo caro	zu teuer
Ho la taglia …	Ich habe Größe …
Ha anche la taglia …?	Haben Sie das auch in Größe …?
È troppo grande/	Das ist zu

piccolo.	groß/klein.
la svendita	Ausverkauf
la camicia	Hemd
i pantaloni	Hose
il cappotto	Mantel
la gonna	Rock
il vestito	Kleid
il collant	Strumpfhose
le calze	Strümpfe
il blazer	Blazer
la giacca	Jacke
il foulard	Halstuch

Colori	**Farben**
scuro	dunkel
chiaro	hell
blu	blau
marrone	braun
giallo	gelb
rosso	rot
verde	grün
nero	schwarz
bianco	weiß
grigio	grau

Essen und Trinken

Wo bekommt man's

la panetteria	Bäckerei
la pasticceria	Konditorei
la macelleria	Fleischerei
il negozio	Geschäft
il mercato	Markt
l'alimentari	Lebensmittelgeschäft
il supermercato	Supermarkt

Al ristorante	**Im Restaurant**
Scusi, c'è un buon ristorante?	Wo gibt es hier ein gutes Restaurant?
Un tavolo per … persone, per favore.	Einen Tisch für … Personen, bitte.
È libero questo tavolo?	Ist dieser Tisch noch frei?
Dov'è il bagno, per favore?	Wo sind bitte die Toiletten?
Per di qui, prego.	Hier entlang, bitte.
Cameriere, il menu, per favore.	Herr Ober/Bedienung, die Speisekarte, bitte.
la lista delle bevande	Getränkekarte
la lista dei vini	Weinkarte
Che cosa mi consiglia?	Was können Sie mir empfehlen?
Avete piatti vegetariani?	Haben Sie vegetarische Gerichte?
Prendo …	Ich nehme …
Per antipasto/dessert/secondo prendo ...	Als Vorspeise/Nachtisch/Hauptgericht nehme ich ...
Per favore, un bicchiere di …	Bitte ein Glas …
Buon appetito!	Guten Appetit!
Alla salute!	Zum Wohl!
Vorrei una tazza di caffè.	Ich möchte eine Tasse Kaffee.
Il conto, per favore.	Die Rechnung, bitte.
Conti separati, per favore.	Wir möchten getrennt bezahlen.
Tutto un conto, per favore.	Alles zusammen, bitte.
Vorrei la ricevuta.	Ich möchte bitte eine Quittung.
È stato di Vostro gradimento?	Hat es Ihnen geschmeckt?
Grazie, era davvero molto buono.	Danke, sehr gut.
La riporti indietro, per favore.	Bitte nehmen Sie es zurück.
mangiare	essen
bere	trinken
l'acqua minerale naturale	Mineralwasser ohne Kohlensäure
gassata	mit Kohlensäure
il vino	Wein
la birra	Bier
il bicchiere	Glas
la bottiglia	Flasche

Pesce	**Fisch**
frutti di mare	Meeresfrüchte
cozze	Miesmuscheln
gamberetti	Garnelen
granchio	Krabbe
calamari	Tintenfische
carpa	Karpfen
sogliola	Seezunge
salmone	Lachs
tonno	Thunfisch
trota	Forelle

Carni	**Fleisch**
gallina	Huhn
pollo	Hähnchen
anatra	Ente
scaloppine	kleine Schnitzel
saltimbocca	Kalbsschnitzel
tacchino	Truthahn
fagiano	Fasan
frattaglie	Innereien
polpette	Fleischklößchen
bistecca	Steak
braciola	Rumpsteak
fegato	Leber
montone	Hammel
vitello	Kalbfleisch
agnello	Lammfleisch

Pasta	**Nudelgerichte**
Pasta al burro	mit Butter
Pasta al pomodoro/sugo	mit Tomatensauce

Pasta all'arrabbiata	mit Tomatensoße und Chili
Pasta al ragù	mit Bolognesesoße
Pasta alla carbonara	mit Ei und Bauchspeck
Pasta alla panna	mit Sahne
Pasta alla vongole	mit Venusmuscheln
penne	kurze Nudeln
tagliatelle	Bandnudeln
vermicelli	Fadennudeln
lasagne	Teigblätter mit Fleischsauce, überbacken

Verdura	**Gemüse**
gli sparagi	Spargel
gli spinaci	Spinat
le carote	Karotten
i fagioli	Bohnen
i piselli	Erbsen
le patate	Kartoffeln
l'insalata	Salat
il pomodoro	Tomate
il cetriolo	Gurke
gli zucchini	Zucchini
il cavolfiore	Blumenkohl
la cipolla	Zwiebel
le verdure crude	Rohkost

Frutta	**Obst**
la mela	Apfel
la pera	Birne
le fragole	Erdbeeren
le ciliege	Kirschen
il melone	Melone
la pesca	Pfirsich
l'albicocca	Aprikose
il pompelmo	Pampelmuse
la banana	Banane
le prugne	Pflaumen
il limone	Zitrone
l'arancia	Apfelsine
l'uva	Weintrauben

Modi di cottura	**Zubereitungsarten**
a vapore	gedämpft
arrosto	gebraten
al forno	gebacken
fritto	fritiert
alla brace	gegrillt
al cartaccio	in der Folie gebacken
gratinato	überbacken

Un mucchio di altre cose	**Was es sonst noch gibt**
il latte	Milch
la panna	Sahne
il formaggio	Käse
lo yogurt	Joghurt
le uova	Eier
il burro	Butter
le spezie	Gewürze
l'aglio	Knoblauch
il sale	Salz
il pepe	Pfeffer
lo zucchero	Zucker
l'aceto	Essig
l'olio	Öl
il miele	Honig
il gelato	Speiseeis

Dal panettiere	**Beim Bäcker**
il pane	Brot
il pane misto di segale e frumento	Graubrot
il pane nero	Schwarzbrot
il pane bianco	Weißbrot
i biscotti	Gebäck
la torta	Torte

Kosmetik, Presse, Öffentliche Verkehrsmittel

Was Sie zur Körperpflege brauchen

lo spazzolino da denti	Zahnbürste
il dentifricio	Zahnpasta
il cotone idrofilo	Watte
la crema da barba	Rasiercreme
le lamette	Rasierklingen
i fazzoletti	Taschentücher
il pettine	Kamm
il rossetto	Lippenstift
la saponetta	Seife
l'asciugacapelli	Haartrockner
l'asciugamano	Handtuch
lo shampoo	Haarwaschmittel

All'edicola	**Im Zeitschriftenladen**
il giornale	Zeitung
la rivista	Zeitschrift
Vorrei un giornale tedesco.	Ich hätte gerne eine deutsche Zeitung.
la carta	Papier
la busta	Briefumschlag
la penna a sfera	Kugelschreiber

Mezzi di trasporto	**Öffentliche Verkehrsmittel**
il treno	Zug
la stazione	Bahnhof
l'autobus	Bus
l'aereo	Flugzeug
l'aeroporto	Flughafen
la nave	Schiff
il porto	Hafen
il traghetto	Fähre
Quando parte il prossimo …?	Wann fährt der nächste …?
… l'ultimo …?	… der letzte…?
un biglietto	Fahrkarte
partenza	Abfahrt
arrivo	Ankunft

uscita	Ausgang
entrata	Eingang
ritardo	Verspätung

Assistenza medica Medizinische Versorgung

Dal medico	**Beim Arzt**
il medico	Arzt
il dentista	Zahnarzt
Ho mal di gola.	Ich habe Halsschmerzen.
Non mi sento bene.	Ich fühle mich nicht wohl.
Mio marito/mia moglie sta male.	Mein Mann/ meine Frau ist krank.
Ho fatto un'indigestione.	Ich habe mir den Magen verdorben.
Sono molto raffreddato/a.	Ich bin stark erkältet.
Sono al ... mese di gravidanza.	Ich bin im ... Monat schwanger.
Ho la pressione alta/bassa.	Ich habe einen hohen/niedrigen Blutdruck.
Ho dei dolori qui.	Hier habe ich Schmerzen.
Non sopporto bene questo clima.	Ich vertrage dieses Klima nicht.
Mi sono ferito/a.	Ich habe mich verletzt.

il braccio	Arm
il malleolo	Knöchel
il cuore	Herz
il dente	Zahn
il ginocchio	Knie
la gamba	Bein
la mano	Hand
il naso	Nase
l'occhio	Auge
l'orecchio	Ohr
la pelle	Haut
il piede	Fuß
la testa	Kopf

la diarrea	Durchfall
il vomito	Erbrechen
la nausea	Brechreiz
la tosse	Husten
il mal di testa	Kopfschmerzen
i disturbi circolatori	Kreislaufstörungen
la lombaggine	Hexenschuss
la scottatura	Sonnenbrand
le vertigini	Schwindel
la pomata	Salbe
la compressa	Tablette
il sonnifero	Schlaftabletten
le gocce	Tropfen
l'analgesico	Schmerzmittel
le bende	Verbandszeug

Wo? Wie? Was? – Orientierung

Wie man nach dem Weg fragt (und die Antwort versteht)

Scusi, dov'è …?	Entschuldigung, wo ist …?
Come si arriva a …?	Wie komme ich nach …?
Come si arriva nel modo più veloce alla stazione?	Wie komme ich am schnellsten zum Bahnhof?
Sempre diritto.	Geradeaus.
A destra.	Nach rechts.
A sinistra.	Nach links.
È questa la strada per …?	Ist das die Straße nach …?

Welche Sehenswürdigkeiten gibt es in der Stadt

il ponte	Brücke
il castello	Schloss
l'anfiteatro	Amphitheater
la fontana	Brunnen
il monumento	Denkmal
il fiume	Fluss
la chiesa	Kirche
il museo	Museum
il municipio	Rathaus
le rovine	Ruine
la cappella	Kapelle
il palazzo	Palast

Telefonare, Internet Telefonieren, Internet

Dove posso comprare una carta telefonica?	Wo bekomme ich eine Telefonkarte?
Qual è il prefisso di …?	Wie ist die Vorwahl von …?
Non risponde nessuno.	Es meldet sich niemand.
Provi ancora una volta.	Versuchen Sie es noch einmal.

Ha il Wi-Fi?	Haben Sie WLAN?
Non ho campo.	Ich habe kein Signal.

password Wi-Fi	WLAN-Passwort
la stampante	Drucker
l'allegato	Anhang
aggiornare	aktualisieren
scaricare	herunterladen
collegarsi a	sich verbinden mit
la chiocciola	At-Zeichen (@)
caricare la batteria	Akku aufladen

La camera Unterkunft

Mi saprebbe dire dove posso trovare una camera?	Wissen Sie, wo ich hier ein Zimmer finden kann?

Cerco un alloggio.	Ich suche eine Unterkunft.
Quanto costa?	Wieviel kostet es?
Mi può fare una prenotazione?	Können Sie für mich dort reservieren?
È lontano da qui?	Ist es weit von hier?
Come ci si arriva?	Wie kommt man dorthin?
Avete una camera doppia/singola libera?	Haben Sie ein Doppelzimmer/ Einzelzimmer frei?
Posso vedere la camera?	Kann ich das Zimmer ansehen?
Si può aggiungere un lettino per bambini?	Können Sie ein Kinderbett aufstellen?
il lavandino	Waschbecken
con doccia e WC	mit Dusche und WC
il frigorifero	Kühlschrank
Partiamo domattina.	Wir reisen morgen früh ab.
Prepari il conto, per favore.	Machen Sie bitte die Rechnung fertig.
Mi chiama un taxi, per favore?	Können Sie mir bitte ein Taxi rufen?
il campeggio	Campingplatz
la tenda	Zelt

Il tempo — Wetter

Che tempo farà oggi?	Wie wird das Wetter heute?
Ha già sentito le previsioni del tempo?	Haben Sie schon den Wetterbericht gehört?
Fa/Farà caldo.	Es ist/wird warm.
molto caldo	heiß
freddo/fresco	kalt/kühl
C'è afa/tempesta.	Es ist schwül/ stürmisch.
Quanti gradi ci sono?	Wieviel Grad haben wir?
il temporale	Gewitter
il caldo/la pioggia/ il sole	Hitze/Regen/ Sonne
il vento/la nuvola	Wind/Wolke

I numeri — Zahlen

uno	eins
due	zwei
tre	drei
quattro	vier
cinque	fünf
sei	sechs
sette	sieben
otto	acht
nove	neun
dieci	zehn
undici	elf
dodici	zwölf
tredici	dreizehn
quattordici	vierzehn
quindici	fünfzehn
sedici	sechzehn
diciassette	siebzehn
diciotto	achtzehn
diciannove	neunzehn
venti	zwanzig
trenta	dreißig
quaranta	vierzig
cinquanta	fünfzig
sessanta	sechzig
settanta	siebzig
ottanta	achtzig
novanta	neunzig
cento	hundert
mille	tausend
duemila	zweitausend

L'ora/Il calendario — Zeitangaben, Kalender

Che ore sono?	Wie spät ist es?
Sono le …	Es ist …
adesso	im Moment
oggi	heute
ieri/l'altro ieri	gestern/vorgestern
domani/dopodomani	morgen/übermorgen
di mattina/di pomeriggio/di sera	vormittags/nachmittags/abends
giorno	Tag
settimana	Woche
mese	Monat
anno	Jahr
lunedì	Montag
martedì	Dienstag
mercoledì	Mittwoch
giovedì	Donnerstag
venerdì	Freitag
sabato	Samstag
domenica	Sonntag
gennaio	Januar
febbraio	Februar
marzo	März
aprile	April
maggio	Mai
giugno	Juni
luglio	Juli
agosto	August
settembre	September
ottobre	Oktober
novembre	November
dicembre	Dezember

Die **fetten** Seitenzahlen verweisen auf ausführliche Erwähnungen, *kursiv* gesetzte Begriffe und Seitenzahlen beziehen sich auf den Service.

Alamy Stock Photo/AGF Srl: S. 28
A.P.T. Dolomiti di Brenta – Paganella, Molveno/A. Wilson: S. 21; Poli: S. 71
Castel Pergine: S. 18
Ente Turistico Lago Maggiore, Locarno: S. 52/53, 72, 76; Massimo Pedrazini: S. 77
Fotolia/Bergfee: S. 59; emm.bal: S. 29; Freesurf: S. 30; Giancarlo Restuccia: S. 38; IWeide: S. 57; Jashin: S. 67; jojjik: S. 25; robertobinetti70: S. 27; speculare: S. 9; Traumbild: S. 23
Herbert Hartmann, München: S. 37, 60
iStockphoto/Claudiodivizia: S. 11 u.; Janoka82: S. 24 o.; Matthew Dixon: S. 33; Roberto A Sanchez: S. 43
Peter Bachhuber, Rottach-Egern: S. 35
Pinacoteca di Brera, Mailand: S. 14
shutterstock/Alexandre Rotenberg: S. 22, 24; Alessandro Lai: S. 51; Alexander Chaikin: S. 45; Angela Rohde: S. 26 o.; Anilah: S. 68; Anton_Ivanov: S. 84; Bahdonovich Alena: S. 2 o. l., 11 o., 15; bepsy: S. 34; blackpixel: S. 12; Boris Stroujko: Schmutztitel (S. 1), 85; Creative Lab: S. 13; Daniela Sachsenheimer: S. 39; elesi: S. 41, 49, 62, 64; elitravo: S. 3. o. l., 69; Fabio Caironi: S. 46; Frank Bach: S. 26 u.; gevision: S. 63; iryna1: S. 44 o.; Joaquin Ossorio Castillo: S. 36, 54; LaMiaFotografia: S. 4/5; LesyaD: S. 65; LiliGraphie: S. 48; lorenza62: S. 19; Mihai-Bogdan Lazar: S. 17; Mikadun: S. 3 o. Mitte, 42, 58; Nattee Chalermtiragool: S. 2 o. r., 44; Neirfy: S. 31; pcruciatti: S. 66; Petr Louzensky: S. 82; pointbreak: S. 20; posztos: S. 16 u.; RnDmS: S. 40; Roman Babakin: S. 55; Simone Simone: S. 81; Stefano Ember: S. 2 o. Mitte, 3 o. r., 47, 50, 75
swiss-image.ch/Ticino Turismo/Christof Sonderegger: S. 56
Wikipedia (CC BY-SA 3.0)/Alessandro Vecchi: S. 61; James Steakley: S. 6
Wikipedia (Gemeinfrei)/Flanker: S. 70
VISTA POINT Verlag (Archiv), Rheinbreitbach: S. 7, 8, 16 o., 32

Schmutztitel (S. 1): Der Hafen der malerischen Stadt Ascona im Schweizer Tessin
Seite 2/3 (v. l. n. r.): Mailänder Dom, Parco Scherrer in Morcote, Varna am Lago di Como; Hotel Villa Crespi in Orta San Giulio, Isola Madre im Lago Maggiore, Innenstadt von Lugano

Reihenkonzeption: Andreas Schulz & VISTA POINT-Team
Bildredaktion: Bettina Hamann
Lektorat: JB Bild | Text | Satz, Berlin
Layout und Herstellung: Sandra Penno-Vesper, Potsdam
Reproduktionen: Henning Rohm, Köln; Noch & Noch, Datteln
Kartographie: Huber Kartographie GmbH
Gesamtherstellung: VISTA POINT Verlag GmbH, Rheinbreitbach

ISBN 978-3-96141-744-5

An unsere Leserinnen und Leser!
Die Informationen dieses Buches wurden gewissenhaft recherchiert und von der Verlagsredaktion sorgfältig überprüft. Nichtsdestoweniger sind inhaltliche Fehler nicht immer zu vermeiden. Für diese übernimmt der Verlag keine Haftung. Für Ihre Korrekturen und Ergänzungsvorschläge sind wir dankbar.

VISTA POINT Verlag
Rolandsecker Weg 30 · 53619 Rheinbreitbach
Telefon: +49 (0)2224/7795-0 · Fax: +49 (0)2224/7795-100
info@vistapoint.de · www.vistapoint.de · www.facebook.de/vistapoint

1000 PLACES TO SEE BEFORE YOU DIE®

Auf Entdeckungsreise durch drei Länder

DEUTSCHLAND · ÖSTERREICH · SCHWEIZ

Durchgängig vierfarbig
Über 1000 farbige Abbildungen und 19 Karten
1256 Seiten, Format 13,4 x 19 cm
Flexybindung, E-Book inside
5., aktualisierte Auflage 2023
ISBN 978-3-96141-670-7

E-Book inside

€ 24,90

Dieses Buch nimmt Sie mit auf eine Traumreise zu den schönsten und spannendsten Orten in Deutschland, Österreich und der Schweiz. Lassen Sie sich entführen in verwunschene Landschaften und die Wunder der Natur, erleben Sie spektakuläre Kunstwerke, architektonische Meisterleistungen, aufsehenerregende Events und historische Sehenswürdigkeiten.

VISTA POINT